渋沢栄一の『雨夜譚』を「生の言葉」で読む。

渋沢栄一 自伝

渋沢栄一

興陽館

渋沢栄一自伝

渋沢栄一の『雨夜譚』を「生の言葉」で読む。

自分の身の上は、
あたかも蚕が最初卵種から孵化して
四度の眠食をかさね、それから繭になって
蛾になり、再び卵種になる有り様で、
二十四、五年間に、
ちょうど四回ばかり変化しています（巻之二）

たとえ今日卑屈と謂われても
糊口のために節を枉げたと謂われても、
それから先は自身の行為をもって赤心を
表白するという意念を堅めておいて、
まずこの焦眉の場合だ、
試みに一橋家へ奉公と
出掛けてみようじゃないか
（巻之二）

商業に一大進歩を与えようという志望を起こしました（巻之五）

はじめに　本書『渋沢栄一自伝「雨夜譚」』刊行にあたって

日本資本主義の父・渋沢栄一

渋沢栄一は、二〇二四年発行予定の「新一万円札の顔」に選ばれ、二〇二一年の大河ドラマ『青天を衝け』の主人公にもなった、いまもっとも注目を集めている人物です。

よく知られているように、渋沢栄一は、九十一歳の生涯で五百社以上もの企業を創設した大実業家です。たとえば、第一国立銀行（現・みずほ銀行）、東京株式取引所（現・東京証券取引所）、東京海上保険（現・東京海上日動火災保険）、王子製紙（現・王子製紙、日本製紙）、帝国ホテル、日本郵船、キリンビールなど、枚挙にいとまがありません。今や誰もが知っている有名企業の多くは、渋沢栄一の手によって創設されたものなのです。

渋沢栄一は、近代日本において銀行と金融の仕組みを確立し、日本ではじめて株式会社をつくり、多数の会社を設立しました。「日本資本主義の父」と呼ばれるゆえんです。

渋沢栄一が語り下ろした自伝『雨夜譚』

本書『雨夜譚《あまよがたり》』は、渋沢栄一自身が語り下ろした自伝である点に、大きな特色があります。明治二十（一八八七）年、当時四十代後半の渋沢栄一が、子弟に対する座談の形で自分の人生を振り返った際の筆記録が、本書の元になりました（※）。

天保十一（一八四〇）年、武州深谷（現・埼玉県深谷市）の百姓の家に生まれた渋沢栄一が、長じて攘夷倒幕を目指すも、いつしか徳川家の直臣としてフランス・パリで明治維新を迎えることとなり、その後、明治政府を経て実業界に転じるという三十三歳までの波乱万丈の半生が、本人自身の口から語られています。

これを読めば、激動の幕末期を駆け抜けたその疾風怒濤の生き方や、エネルギーの大きさがリアルに伝わってくるだけでなく、渋沢栄一が鋭い現実主義に基づき、常に自分を変革することで日本全体の変革をも成し遂げてきたことにも気づかされます。

本書は、この渋沢栄一の自伝・『雨夜譚』の全文（原文）を収録しました。

渋沢栄一がどのように考えて生き、どのようにして常人ではなし得ない偉業を達成できたのかが、その「生の言葉」に触れることで、よりよく理解できるはずです。当時使われていた難解な言葉も含まれていますが、読むほどに味わいが出てくる、原文ならではの魅力が感じられるでしょう。

さらに編集部では、理解を助けるために独自の小見出しをつけ、登場人物の紹介や年表、あらすじも収録しました。より深く、渋沢栄一の考えを理解するのにお役立てください。

いまもっとも注目される偉人・渋沢栄一。その躍動する若き日々を目の当たりにすることで、同じく先の見えない激動の時代を生きる私たちにとって大きな励ましとなるとともに、人生をより充実して生きるための指針になることでしょう。本書がその一助となれば幸いです。

興陽館編集部

※この筆記録は、その後書物としては刊行されず、筆記本として保管されていたようです。やがて原本は失われたものの、後年、『青淵先生六十年史―一名近世実業発達史』(竜門社編)に筆記本の内容が引用されたことから、その引用部分をつなぎ合わせて一冊の本が作られました(これには筆記本との照合が記入されています)。そして昭和四十三(一九六八)年、『渋沢栄一伝記資料　別巻第五』(同社)にこれを底本とした『雨夜譚』が収録され、本書はこれを元にしています。

〈凡例〉

読みやすさを考慮して以下のようにしました。

＊改行を加えたほか、送り仮名や句読点を整理しました。
＊会話文は、読みやすいように「」で区切りました。
＊編集部で独自の小見出しを付けました。
＊新字・新仮名づかい表記とし、代名詞・副詞・接続詞など一部の漢字は平仮名に改めました。
＊( )は原文の注記、〔 〕は編集部による注です。

渋沢栄一自伝｜目次

〈『雨夜譚』の登場人物の紹介〉

渋《しぶ》沢《さわ》栄《えい》一《いち》　１８４０（天保11）〜１９３１（昭和6）幕臣、大蔵省官吏を経て実業家へ。５００以上の会社・団体の設立に関わり、「日本資本主義の父」と呼ばれる。

徳《とく》川《がわ》斉《なり》昭《あき》　１８００（寛政12）〜１８６０（万延1）幕末の水戸藩主。烈公ともいう。尊王攘夷論者で、井伊直弼と対立。安政の大獄で水戸に禁錮される。

徳《とく》川《がわ》昭《あき》武《たけ》　１８５３（嘉永6）〜１９１０（明治43）幕末の水戸藩主。民部公子ともいう。徳川斉昭の子、慶喜の弟。版籍奉還により水戸藩知事。

尾《お》高《だか》惇《あつ》忠《ただ》　１８３０（文政13）〜１９０１（明治34）渋沢栄一の従兄。実業家。富岡製糸場の初代場長。養蚕、製糸の振興に努める。

尾《お》高《だか》長《ちょう》七《しち》郎《ろう》　１８３６（天保7）〜１８６８（明治1）幕末の志士、剣術家。尾高惇忠の弟。渋沢栄一らの倒幕計画を阻止する。

三《さん》条《じょう》実《さね》美《とみ》　１８３７（天保8）〜１８９１（明治24）公家、政治家。尊王攘夷・討幕派の中心的人物。維新後は右大臣、太政大臣、内大臣等を歴任。

渋《しぶ》沢《さわ》喜《き》作《さく》　１８３８（天保9）〜１９１２（大正1）渋沢栄一の従兄。幕臣となり戊辰戦争で彰義隊を結成。維新後は米や生糸を扱う実業家へ。東京商品取引所理事長。

平岡円四郎《ひらおかえんしろう》　1822（文政5）～1864（元治1）一橋家の家臣。慶喜の側近として公武合体政策を進める。水戸藩士により暗殺される。

徳川慶喜《とくがわよしのぶ》　1837（天保8）～1913（大正2）江戸幕府第15代将軍（在職1867-68）。徳川斉昭の子で、一橋家を相続。大政奉還を行った江戸幕府最後の将軍。

島津三郎《しまづさぶろう》（久光《ひさみつ》）　1817（文化14）～1887（明治20）薩摩藩主の子、政治家。尊攘派を制圧し、幕政改革に参与。公武合体派の中心として活動する。

西郷隆盛《さいごうたかもり》　1827（文政10）～1877（明治10）薩摩藩士、政治家。討幕の指導者として薩長同盟や戊辰戦争を主導。大久保利通、木戸孝允とともに明治維新の三傑と称される。

黒川嘉兵衛《くろかわかへえ》　1815（文化12）～没年不詳。幕臣。浦賀奉行組頭として黒船来航に対処する。安政の大獄によって免職。のちに徳川慶喜に仕える。

阪谷朗廬《さかたにろうろ》（通称・希八郎《きはちろう》）　1822（文政5）～1881（明治14）漢学者、教育者。大塩平八郎や古賀侗庵に学び、岡山の郷校・興譲館館長となる。維新後は政府の官吏として出仕。

徳川家茂《とくがわいえもち》　1846（弘化3）～1866（慶応2）江戸幕府第14代将軍（在職1859-66）。紀州藩主徳川斉順《なりゆき》の子。公武合体を進めたが、長州征伐の際、大阪城で病死。

井伊直弼《いいなおすけ》（井伊掃部頭《かもんのかみ》）　1815（文化12）～1860（安政7）幕末の大老、彦根藩主。開国を主張し尊攘派と対立。勅許を得ずに日米修好通商条約を結び、反対勢力を粛清（安政の大獄）。その反動で暗殺される（桜田門外の変）。

原市之進《はらいちのしん》　1830（文政13）～1867（慶応3）水戸藩士、幕臣。徳川慶喜の謀臣として将軍就任や兵庫開港のために働くも部下に暗殺される。

近藤勇《こんどういさみ》　1834（天保5）～1868（慶応4）幕臣、新選組隊長。京都の治安維持に努め、尊攘派を弾圧。戊辰戦争で敗れ、斬首される。

杉浦譲《すぎうらゆずる》（雅号・靄山《あいざん》）　1835（天保6）～1877（明治10）幕臣、官僚。幕府外交使節の一員として渡欧し、主に外交官僚として活躍。明治政府では郵便制度の確立に努める。初代駅逓正《えきていのかみ》（郵政大臣）。

ナポレオン三世　（1808～73）フランス皇帝（在位1852～1870）。ナポレオン一世の甥。第二帝政期のフランスを統治。近代金融の確立、鉄道網敷設などに尽くす。

栗本鋤雲《くりもとじょうん》（安芸守《あきのかみ》）　1822（文政5）～1897（明治30）幕臣、思想家。外国奉行、勘定奉行、箱館奉行を歴任。のち郵便報知新聞の編集主任。

伊達宗城《だてむねなり》　1818（文政1）～1892（明治25）伊予宇和島藩主、政治家。将軍継嗣問題で一橋慶喜擁立派として活動。島津久光らと公武合体を推進。維新後は民部卿、大蔵卿などを務める。

フルーリ・エラール Fleury Hérard, Paul（1836～1913）フランスの銀行家。仏政府の派遣で来日し、幕府の在仏代表として輸出入や製鉄事業等で幕府を援助する。

大久保一翁《おおくぼいちおう》　1817（文化14）～1888（明治21）幕臣。外国奉行、大目付など要職を歴任し、大政奉還を説く。のち東京府知事、元老院議官。

大隈《おおくま》重信《しげのぶ》　1838（天保9）～1922（大正11）政治家。立憲改進党を結成し、自由民権運動を推進。1898年第8代内閣総理大臣として日本初の政党内閣を組織する。

伊藤《いとう》博文《ひろぶみ》　1841（天保12）～1909（明治42）政治家。開国論者として倒幕運動で活躍。1885年初代内閣総理大臣に就任。憲法起草の中心的人物となる。

大久保《おおくぼ》利通《としみち》　1830（文政13）～1878（明治11）政治家。討幕派の中心人物で、薩長同盟の推進者。維新後は大蔵卿、内務卿等を歴任。維新の三傑の一人。

木戸《きど》孝允《たかよし》　1833（天保4）～1877（明治10）政治家。倒幕の志士として活躍。明治新政府で五箇条の誓文起草や廃藩置県を主導する。維新の三傑の一人。

江藤《えとう》新平《しんぺい》　1834（天保5）～1874（明治7）政治家。尊王攘夷運動に参加。維新後、司法卿として司法制度の確立に尽力。征韓論争で敗れ辞職。

板垣《いたがき》退助《たいすけ》　1837（天保8）～1919（大正8）政治家。討幕派として戊辰戦争に参加。のち明治新政府の参議となる。自由民権運動に挺身し、自由党を結成する。

井上《いのうえ》馨《かおる》　1836（天保7）～1915（大正4）政治家。尊王攘夷運動に参加。維新後、大蔵大輔、第一次伊藤内閣外相、蔵相等歴任。

雨夜譚

はしがき

みじかしと悟れば一瞬にもたらず、ながしと観ずれば千秋にもあまるは、げに人の一生にぞありける。

されどそのみじかしといいながしと思うも、必ずしも来経《きへ》ゆく年月の数によるにはあらず、その身に遭遇する事草《ことぐさ》の多少によりて、この観念に長短の差別を生ずるものぞかし。

そもそもおのが生涯をいわんに、むかし故郷にありしころは、犂《すき》とり簀《あじか》にないて、霖雨《りんう》〔長雨〕には小麦の蝶に化せんを懼《おそ》れ、旱《ひで》りにはまた苗代水の足らざるをかこちけるが、世のみだれゆくさまをなげきて、負気なくも国家の憂いをおのが憂いとせしより住みなれし草の庵《いおり》を立ち出で、西の都に赴きしに、ゆくりなく〔思いがけなく〕も一橋《ひとつばし》の公《きみ》にめされて、三とせの春秋を過ごしぬ。

この公、大樹〔大樹将軍。征夷大将軍〕の職を継ぎ給いし後、その実弟なる徳川民部公子《とくがわみんぶこうし》〔徳川昭武《あきたけ》〕の泰西〔ヨーロッパ〕留学に扈従《こしょう》〔貴人に付き従う〕せよとの命蒙《こうむ》り慶応の三とせという年の正月、お国を首途《かどで》せり。

かくてイギリス・フランス・オランダ・イタリア・ベルギーなどの国々を歴遊し、その年の冬よりフランスにて留学し給いしが折しもお国の政変により、その志も遂げ得ず、空しく帰国せしは、明治元年〔一八六八〕の冬なりき。

飛鳥川《あすかがわ》、淵瀬《ふちせ》かわれる世となりければ、おのずからむかししのばれて、公の幽居し給う駿河《するが》の国なる静岡の里に移り、よそながらもその傍にて残生を送らんとほりせしも、あくる二年の冬ばかりに、やんごとなき仰せをとうけ給わりて、あずまのみやこにまい登り、四とせがほど職事にあずかりぬ。

さるに官辺の勤仕は、もとよりおのが本意にあらざれば、同じ六年の夏、せちに〔ひたすら〕請い奉りてその職をいなみ、今の身とはなりぬ。

かくてのち二十年あまりの年月を経れども、維新前後の五、七年こそ、いとながかりし心地せられしが、おのが境界は、世の変遷につれて推《お》しうつれるさま、故郷にて飼いたりし蚕の、卵種より孵化《ふか》して、四たび眠食をかさね、また変化して、もとの卵種になれるがごとし。これ偶然のこととはいえ、おのが志のあるところをみるに足れり。

おのれ別に人にすぐれし才芸あるにあらねど、ただこの年月、一つの真ごころをもて、よろずの事にあたりつれば、かの一信万軍に敵すの古諺《こげん》のごとく、何事につけても、さのみ難きを覚えず、何わざをとりても、さばかり破れはとらざりき。

そのなし得たる跡につきても、めでたきふしこそなけれ、心に恥じ身に疾《やま》しき事とては秋《しゅう》毫《ごう》の末《すえ》〔細い冬毛の先。わずかなもののたとえ〕もあらず。

今はた三十年あまりの、いろいろの事どもを想いめぐらせば、ゆめうつつのわきだになければ、身に実歴〔経験〕せしものは、まのあたりのごとくおもわれて、忘れんとするも忘れがてなれば、さいつころより、うからやからの請いのまにまに、すぎこしむかしがたりを雨夜の徒《つれ》然《づれ》にうちいでしを、傍にて筆記せしものありてその水茎《みずくき》の跡〔書かれた文字〕いつしか数かさなれるをみれば、われながら千秋を経し観あり、ついにこれを雨夜譚《あまよがたり》と名づけて、ひとつの冊子とはなしぬ。

されどこはただ半生の経歴を略述せしまでにして、もとより世のため人のためにとてなししわざにはあらず、おのがなからん後うからやからの人々これを読みて、我が仏とうとしと思いなば、かねての望みは足りぬべくなん。

ゆづりおくこのまごゝろのひとつをばなからむのちのかたみともみよ

明治二十七年〔一八九四〕十二月

青淵《せいえん》老人しるす

巻之一

身の上話をはじめる

今晩はかねて約束してありましたとおり、自分が今日まで経過してきた一身上の履歴をお話し致します。

しかし自分は、もう四十七年半ばかりの星霜《せいそう》を経ているから、その間には、世の中もいろいろなる変遷があり、その変遷につれて、自分の一身上もいろいろさまざまに変化していることであるから、これを細かに談話すると、ずいぶん長くもなり、そのうちにははなはだ面白くなくて、欠《あくび》や伸の種子《たね》ともなり、眠気の媒《なかだち》となることもありましょうが、つまりこの話は、聴衆一同のために、事によって奮発心を興すとか、または忍耐の念を強くするとか、または勇敢の気象を生ずるとか、または勤粛《きんしゅく》の意念を守るとかいうように、せめては一個の効能を与えたいという婆心《ばしん》から、この席を開いたのだから、談話の長いのは厭《いと》わず、またいたずらに耳に聞き流すのみでなく、よくよく心の底に聞き留めてもらいたいものであります。

さて一身上の履歴を話すについて、これを丁寧にする時には、どうしてもまずずっと元の成立から話さんければならぬ。その成立はどうかといえば、第一父母の様子からして、概略に話をせんければならぬ。

いったい、父は自分の生まれた家に生まれた人でなくて、母が家付きの血統を受けた人であった。すなわち父は自分の家へ婿養子に来た人で、その実家というのは、同じ村の渋沢宗助《しぶさわそうすけ》という家で、宗休居士《そうきゅうこじ》といった人の三男でありました。

それから父の性質はといえば、かの『孟子』に書いてあるところの、北宮黝《ほくきゅうゆう》のように、褐《かつ》寛博《かんぱく》にも受けず、また万乗の君にも受けぬ〔卑賤な者からも大国の君主からも辱めを受けまいとする〕というう、方正厳直で、一歩も人に仮《か》すことの嫌な持ち前で、いかなる些細《ささい》の事でも、四角四面に物事をする風でありました。また平生多く書物を読んだ人ではなかったが、四書や五経くらいの事は、充分に読めて、かたわら詩を作り俳諧《はいかい》をするという風流気もあり、また、方正厳直の気質に似ず、人に対してはもっとも慈善の徳に富んでいて、人の世話をすることなどはいかにも深切であった。

そうしてその平素から自ら奉ずるところはいたって倹約質素で、ただ一意家業に勉励するというすこぶる堅固な人でありました。

子どもの頃、読んできた本

自分が書物を読み始めたのは、たしか六歳の時と覚えています。最初は父に句読を授けられて、『大学』から『中庸』を読み、ちょうど『論語』の二まで習ったが、それから七、八歳の時、今は盛岡《もりおか》にいる尾高惇忠《おだかあつただ》に習うことになった。

尾高の家は、自分の宅から七、八町隔った手計《てばか》村というところであったが、この尾高という人は、幼少の時から善く書物を読んで、そのうえ天稟《てんぴん》〔天性〕物覚えのよい性質で、田舎では立派な先生といわれるほどの人物であった。ことに自分の家とは縁者のことでもあるから、父は自分を呼んで、

「向後《こうご》〔今後〕、読書の修行はおれが教ゆるよりは、手計村へいって尾高に習う方がよい」

といいつけられたから、その後は毎朝、尾高の宅へ通学して一時《いっとき》〔現在の二時間〕半かないし二時ほどずつ読んで帰ってきました。

しかしその読み方は、今日学校で学ぶように丁寧に復読して暗誦《あんしょう》の出来るようなことはせずに、ただいろいろの書物すなわち『小学』・『蒙求《もうぎゅう》』・四書・五経・『文選《もんぜん》』・『左伝』・『史記』・『漢書《かんじょ》』・『十八史略』・『元明史略』、または『国史略』・『日本史』・『日本外史』・『日本政記』、そのほか子類《しるい》も二、三種読んだと覚えているが、全体、尾高の句読を授ける方法というのは、一家の新案で、一字一句を初学のうちに暗記させるよりは、むしろあまたの書物を通読させて、自然と働きをつけ、ここはかくいう意味、ここはこういう義理と、自身に考えが生ずるに任せるという風でありましたから、ただ読むことを専門にして、四、五年を経過しましたが、ようやく十一、二歳のころから、いくらか書物が面白くなってきました。

それも経史子類《きょうしし》などの、堅い書物が面白く会得が出来たという訳ではなく、ただ自分に面白いと思った、『通俗三国志』とか、『里見八犬伝』とか、または『俊寛《しゅんかん》島物語』というような、

稗官野乗《はいかんやじょう》〔民間の歴史書。小説〕の類《たぐい》が至って好きであったのであります。

そこでこの事を尾高に話してみたら、尾高のいうには、

「それは最もよい、読書に働きをつけるには読みやすいものから入るが一番よい、どうせ四書・五経を丁寧に読んで腹にいれても、真に我が物になって、働きの生ずるのは、だんだん年を取って世の中の事物に応ずるうえにあるのだから、今のところではかえって三国志でも八犬伝でも、なんでも面白いと思ったものを、心をとめて読みさえすれば、いつか働きがついて、外史も読めるようになり、十八史略も史記も漢書もおいおい面白くなるから、せいぜい多く読むがよい」

というので、なおさら好んで軍書・小説の類を読みましたが、その極《ごく》すきな証拠には、ちょうど十二歳の正月、年始の廻礼《かいれい》〔挨拶回り〕に、本を読みながら歩行《ある》いて、ふと、溝の中へ落ちて、春着の衣裳《いしょう》をたいそう汚して、大きに母親に叱られたことを覚えています。

家業の農業と商売を手伝う

それから十四、五の歳までは、読書・撃剣・習字等の稽古《けいこ》で日を送りましたが、前に申すとおり父は家業についてははなはだ厳重であったから、

「十四、五歳にもなったら、農業商売に心を入れんければならぬ、いつまでも子供のつもりでは困るから、向後《こうご》は幾分の時間を家業に充てて、従事するがよい、もちろん、書物を読んだと

いって、儒者になる所存でもあるまい、さすれば一通り文義《ぶんぎ》の会得が出来さえすれば、それでよい、もっともまだ十分に出来たでもあるまいが、おいおいに心を用いて油断さえなくば、始終学び得られぬということもない訳だから、もう今までのように昼夜読書三昧《ざんまい》では困る、農業にも、商売にも、心を用いなければ、一家の益にはたたぬ」

といわれました。

さてその農業というのは、麦を作ったり、藍《あい》を作ったり、または養蚕の業をするので、商売というのは、自分の家で作った藍はもちろん、他人の作ったものまでも買い入れて、それを藍玉に製造して、信州《しんしゅう》や上州《じょうしゅう》、秩父《ちちぶ》郡辺の紺屋《こうや》に送って、おいおいに勘定を取る、俗にいう掛売商売と唱えるものであります。

自分が十四の歳、すなわち嘉永《かえい》六丑《うし》年〔一八五三〕には、関東はよほどの旱魃《かんばつ》で、一番藍は誠に不作であったが、幸いに二番藍はすこぶるよく出来たから、父のいわれるには、

「今年の二番藍は上作だによって、かなりたくさんに買い入れたいが、おれは信州上州の紺屋廻りに出掛けるから買い出しに行くことは出来ぬが、どうか買いたいものだ、お祖父《じい》さんは（父の養父、自分の祖父、敬林居士《けいりんこじ》という人）もう年を取って、あまり家事の世話は出来ぬけれども、今年の藍を買うことだけは、なにとぞあなた留守中に心配して下さい、また栄次郎（自分の幼名）も、子供ながら、前途商売の修行に、お祖父さんの供をして、その駆け引きを見習うがよい」

と細々留守中の事どもを示しておいて、旅立たれました。

そこで自分の思うには、自分とても藍の善悪の分からぬことはない、よし、一番、父上の留守中に買ってみせようという考えをしていたが、そのうちに藍葉買い入れの期節になったから、初日には祖父に随行して、矢島《やじま》という村へ行って一、二軒買い付けました。

その時、自分の心では、父は世間で藍の鑑定家だといって、褒められるほどの人であるから、これに随行するのは恥ずかしくないが、もはや老耄《ろうもう》したといわれるお祖父さんに随行して、藍を買い歩行《ある》くのは、人が笑うであろうという妙な考えを起こして、どうか自分一人で買い入れてみたいと思ったから、

「お祖父さん、私は横瀬《よこぜ》村の方へゆきたいと思います」

と言ったところが、祖父は自分のいうことを怪しんで、

「おまえ一人で往《い》っても仕方があるまい」

と言われたから、

「左様さ、一人では仕方がないが、どうか廻ってみて帰りたい」

といって、それからいくらかの金子を祖父から受け取って、それを胴巻に入れて、着物の八ッ口〔脇下のあき部分〕のところから腹に結び、祖父に別れて横瀬村から新野《しんの》村にいって、藍を買いに来たと吹聴したけれども、そのころ、自分はまだ鳶口髷《とびぐちまげ》の子供だから、自《おのず》から人が軽侮して信用しなかった。しかし自分はこれまで、幾度も父に随行して、藍の買い入れ方を見ていた

から、これは肥料がすくないとか、これは肥料が〆粕《しめかす》でないとか、あるいは乾燥《ほし》が悪いからいけないとか、茎の切り方がわるいとか、下葉が枯《あが》っているとか、まるで医者の病を診察するようなことを謂《い》うのを聞き覚えていて、口真似くらいはなんでもないゆえ、いちいち弁じたところが、人々が大きに驚いて、妙な子供が来たといって、かえって珍しがって相手になったから、ついに新野村ばかりで、都合二十一軒の藍をことごとく買ってしまった。それを買うときには、

「おまえの藍は肥料がわるい、本当の〆粕が遣《や》ってないからいけない」

などというと、

「なるほど左様でございます、どうしてそれが分かりますか」

といって、村の人にたいそう褒められた。その翌日は、横瀬村に宮戸《みやど》村、またその翌々日は、大塚島《おおつかしま》村や内《うち》ヶ島《しま》村の辺りをしきりに買って歩行くのを見て、祖父が

「おれも一所にゆかなければならぬ」

というから、

「なにあなたが行かんでもよろしい」

といって、大概その年の藍は一人で買い集めたが、ほどなく父も旅行先から帰ってこられて、自分の買い入れておいた藍をみて、大きにその手際を誉められたことがありました。

元来、父は農業と藍の商売とはいたって大切であるといって、熱心に勉励しておられたから、自分も十六、七歳のころから、共にその事に力を入れて、一方の助けをするようになりました。

厳格だった父の思い出

また、父がごく厳正な気質だという証拠は、自分が十五の歳に、同姓の保右衛門という叔父《おじ》にあたる人と、共に江戸《えど》に出て（初めて江戸へ出たのは十四の年の三月と覚えているがその時には父に随行した）書籍箱と硯箱《すずりばこ》とを買って戻った。これはそのころ家にある硯箱は、あまり粗造の品だによって、江戸へ出るを幸いに、一個新調しようということを父に請求したら、

「よろしい、買ってこい」

と許可しられたから、江戸へ来て、小伝馬町《こでんま》の建具屋のあるところで、桐の二つ続きの本箱と同じく桐の硯箱とを、双方でよくは記憶していないが代金一両二分ばかりで買い取った。

さて帰宅の後に、これこれの二品を買ったという話をしておいたが、その後、間もなく荷物が到着した。さあ来てみると、これまで使用していたのは、杉の板で打ち付けたのが真黒になって、ちょうど今日、自分の宅の台所で用いている炭取〔炭入れ〕のような物だから、較べてみると、いやしくも桐細工の新しいのとは、大いに相違して華美にみえる。

そこで父は大いに驚き、かつ立腹の様子で、

「こういう風では、どうも其方《そなた》は、この家を無事安穏に保ってゆくということは出来ない、おれは不孝の子を持った」

といって、歎息《たんそく》しられました。ただし打ったり敲《たた》いたりするような手荒いことはなかったが、三日も四日も、心の中で自分を見限ったというような口気《こうき》〔くちぶり〕で教訓されたことを覚えています。

何故にこれほどの小事をかくまで厳重に譴責《けんせき》しられたのであるかとよくよく考えてみるに、父の心中では、かように自分の意に任せて事を取り扱うようでは、つまりどんな事をするかもしれぬという掛念《けねん》が強い。もとよりその金を惜しまれた訳ではないが、すでに古書〔『韓非子』喩老の巻〕にも、

紂王《ちゅうおう》象箸《ぞうちょ》を為《つく》る。箕子《きし》歎きて曰《いわ》く、彼、象箸を為る、必ず盛るに土簋《どき》を以てせずして、玉杯を為らしむ。玉杯象箸、必ず藜藿《れいかく》を羹《あつもの》にし、短褐を衣《き》、而して茆茨《ぼうし》の下に舎《やど》らざらん。すなわち錦衣九重、高台広室、これに称《かな》わんに、以て天下に求むれども足らず。〔紂王が象牙の箸を作った際に箕子が、高級な箸を使えば、それに見合った皿や料理が欲しくなり、食器や食事が豪華になれば衣服や家屋にも贅を尽くしたくなり、贅沢浪費が止めどなくなるだろうと憂いたという故事〕

というてあるとおり、奢侈《しゃし》の漸《ぜん》〔少しずつ進む〕というものは、もとより貴賤《きせん》上下の差別はないもので、一物の微《び》といえども、その分限に応じてよくこれを初念の発動するところに慎まんければ、ついには取りかえしのならぬことになるのは昔からいくらも例のある話で、今、自分がかように美麗な硯箱や書籍箱を買うほどだから、したがって居宅も書斎も気に入らぬというように、万事に増長して、つまり百姓の家を堅固に保つことが出来ないという、かの微を閉じ漸

を防ぐという意味をもって、かように厳しく謂われたものと思われました。

父の方正厳格であったことはこの一事でも分かっております。しかしこの譴責を受けた時は自分の心中では、あまり厳正にすぎて、慈愛の薄いように思われましたが、それは自分の心得違いでありました。

修験者を言い負かす

自分には姉が一人あるが、その姉が病気のために、両親はもちろん、自分も大いに心配もし困難もしました。

ある時、親戚の人から、この病気は家に祟《たた》りのあるためだから、祈禱《きとう》をするがよいという勧誘をいれて、父が姉を連れて、転地保養かたがた、上野《こうずけ》の室田《むろた》というところへ行かれたことがある。この室田というは有名の大滝があるところであります。

さてその留守中に、家にあるという祟りをはらうために遠加美講《とおかみ》〔神職の井上正鉄《まさかね》が始めた白川神道系の神道。禊教〕というものを招いで、ご祈禱するということで、両三人の修験者が来て、その用意にかかったが、中坐《ちゅうざ》と唱える者が必要なので、その役には、近いころ、家に雇い入れた飯焚女《めしたき》を立てることになった。

そうして室内には注連《しめ》を張り、御幣《ごへい》などを立てて、おごそかに飾り付けをし、中坐の女は目を隠し御幣を持って端坐《たんざ》している。

その前で修験者はいろいろの呪文《じゅもん》を唱え、列坐《れつざ》の講中信者などは、大勢して異口同調に、遠加美という経文体のものを高声に唱えると、中坐の女、始めのほどは眠っているようであったが、いつか知らずに持っている御幣を振り立てるのを見て、修験者は直ちに中坐の目隠しを取ってその前に平身低頭して、

「いずれの神様がご臨降であるか、お告げをこうむりたい」

などといって、それから
「当家の病人について、何らの祟りがありますか、何とぞお知らせ下さい」

と願った。すると中坐の飯焚女めが、いかにも真面目になって、

「この家には金神《こんじん》と井戸の神が祟る、またこの家には無縁仏があって、それが祟りをするのだ」

とさも横柄に言い放った。それを聞いた人々のうちでも、別して〔とりわけ〕初めに祈禱を勧誘した宗助の母親は、得《え》たり顔になって、

「それ御覧、神様のお告げはたしかなものだ、なるほど老人の話に、いつのころか、この家から伊勢参宮に出立《しゅったつ》して、それきり帰宅せぬ人がある、定めし途中で、病死したのであろうということを聞いていたが、いまお告げの無縁仏の祟りというのは、果《はた》してこの話の人に相違あるまい、どうも神様は明らかなものだ、じつにありがたい」

そうしてこの祟りを清めるには、どうしたらよかろうというところから、また中坐に伺ってみ

ると、それは祠《ほこら》を建立して祀《まつ》りをするがよいといった。

全体、自分は最初から、

「かような事はせぬがよい」

と言ったけれども、弱年者のいうことだから、採用しられなかったが、いよいよ祈禱をするについては、何か疑わしきところもあったらばと思って始終注目していたが、いま無縁仏というについて、

「その無縁仏の出たときは、およそ何年ほど前のことでありましょうか、祠を建てるにも、碑を建てるにも、その時が知れんければ困ります」

といったら、修験者はまた中坐に伺った。すると中坐は
「およそ五、六十年以前である」

というから、また押し返して、

「五、六十年以前ならば何という年号のころでありますか」

と尋ねたら、中坐は
「天保《てんぽう》三年〔一八三二〕のころである」

といった。ところが天保三年というと今から二十三年前のことであるから、そこで自分は修験者に向かって、

「ただいまお聞きのとおり、無縁仏の有無が明らかに知れるくらいの神様が、年号を知られぬ

という訳はないはずのことだ、こういう間違いがあるようでは、まるで信仰も何もできるものじゃない、果して霊妙に通ずる神様なら年号ぐらいは立派にお分かりにならねばならぬ、しかるにこの見やすき年号すらも誤るほどでは、しょせん取るに足らぬものであろう」

と詰問を放ったところが、宗助の母親は、横合いから、

「左様なことをいうと神罰があたる」

という一言をもって自分の言葉をさえぎりましたけれども、明白な道理で、誰にもよく分かった話だから、自然と満座《まんざ》の人々も興をさまして、修験者の顔を見つめた。修験者も間が悪くなったとみえて、

「これは何でも野狐が来たのであろう」

と言い抜けた。野狐のいうことなら、なおさら祠を建てるの、祀りをするのということは不用だというので、つまり何事もせずに止めることになったから、その修験者などは、自分の顔を見て、さてさて悪い少年だ、と言わんばかりの顔つきでにらみました。

代官と徳川幕府に思うこと

自分が十六、七歳のころよりして、前にも話したとおり、しきりに家業に勉強したから、家道もおいおいと繁昌《はんじょう》になってきました。

ことに父は常に家業を大切に、丹精を尽くされたから、村のうちでは相応の財産家といわれるほどになって、第一は宗助が物持ちで、その次は市郎右衛門《いちろえもん》〔栄一の父〕だと近郷近在の評判であった。商業の外に少しは質も取り、金も貸すという業体も取り扱いました。

全体、この血洗島《ちあらいじま》村〔現・埼玉県深谷《ふかや》市〕の領主は、安部摂津守《あんべせっつのかみ》という小さな諸侯で、村方から一里ばかりも隔った、岡部《おかべ》という村にその陣屋《じんや》〔役所〕があったが、この領主から御用達《ごようたし》ということを命ぜられていました。もとより小大名のことだから、たいした金を借りる事はないが、ただ一時、お姫様が御嫁入だとか、若殿様が御乗り出し〔元服〕だとか、または先祖の御《ご》法会《ほうえ》だとかいう事があると、武州〔武蔵〕の領分では二千両、参州《さんしゅう》〔三河〕の領分では五百両という振合《ふりあい》〔ぐあい。釣り合い〕に、御用金を命ぜられるので、血洗島村で、宗助が千両、市郎右衛門が五百両、何某がいくらという割合に、めいめいへ言いつけられることであったが、自分が十六、七歳の時までに、たびたび調達した金が二千両あまりになっていた。

そこで自分が十七歳の時であったと覚えているが、この用金を自分の村方へ千両であったか千五百両であったか、言いつけられて、宗助は千両を引き受け、自分の家でも五百両引き受けなければならぬ訳であった。

その時、父は自身で代官所へ行くことが差し支えるから、自分が父の名代《みょうだい》となって、近村で用金を言いつけられた連中二人と、自分と、都合三人連れ立って岡部の陣屋へ出頭した。

その時の代官は若森とかいう人であった。その人に面会して、父の名代として御用伺いのために罷《まか》り出たといったところが、同行の二人はいずれも一家の当主であるから、御用金を承知いたしましたといって、調達を引き受けた。

しかるに自分は、ただ御用の趣を聞いてこいと父から云《い》いつけられたまでだから、

「御用金の高《たか》は畏《かしこ》まりましたが、一応父に申し聞けて、さらにお受けに罷り出ます」

といった。するとこの代官なかなか如才ない人で、そのうえ人を軽蔑《けいべつ》するような風の人だから、嘲弄《ちょうろう》半分に、

「貴様は幾歳《いくつ》になるか」

「へい私は十七歳でございます」

「十七にもなっているなら、もう女郎でも買うであろう、して見れば、三百両や五百両はなんでもないこと、ことに御用を達せば、おいおい身柄もよくなり、世間に対して名目にもなることだ、父に申し聞けるなどと、そんなわからぬことはない、其方の身代で五百両くらいはなんでもないはずだ、一旦《いったん》帰ってまた来るというような、緩慢《てぬる》な事は承知せぬ、万一、父が不承知だというなら、なんとでもこちらから分疏《いいわけ》をするから、ただちに承知したという挨拶《あいさつ》をしろ」

と切迫に強いられた。なれども、

「自分は、父からただ御用を伺ってこいと申しつけられたばかりだから、はなはだ恐れ入る義であるが、今ここでただちにお請けをすることは出来ませぬ、委細承って帰ったうえ、その趣を父に申し聞けて、お請けを致すということならば、さらに出て申し上げましょう」

「いやそんな訳の分からぬことはない、貴様はつまらぬ男だ」

とひどく代官に、叱られたり嘲弄されたりしたけれども、自分は、

「ぜひともそう願います」

といって、岡部の陣屋を出たが、帰ってくる途中で、とくと考えてみると、その時にはじめて幕府の政事が善くないという感じが起こりました。

何故かというに、人はその財産をめいめい自身で守るべきはもちろんのこと、また人の世に交際するうえには、智愚賢不肖《ちぐけんふしょう》によりて、尊卑の差別も生ずべきはずである。ゆえに賢者は人に尊敬せられ、不肖者は卑下せらるるのは必然のことで、いやしくもやや智能を有する限りは、誰にも会得の出来る極めて睹《み》やすい道理である。しかるに今岡部の領主は、当然の年貢を取りながら返済もせぬ金員を、用金とかなんとか名をつけて取り立てて、そのうえ、人を軽蔑嘲弄して、貸したものでも取り返すように、命示するという道理は、そもそもどこから生じたものであろうか、察するに彼《か》の代官は、言語といい動作といい、決して知識のある人とは思われぬ。

かような人物が人を軽蔑するというのは、いったいすべて官を世々《よよ》するという、徳川政治から左様なったので、もはや弊政の極度に陥ったのである、と思ったについて、深く考えてみると、自分もこの先今日のように百姓をしていると、彼らのような、いわばまず虫螻蛄《むしけら》同様の、智恵分別もないものに軽蔑せられねばならぬ、さてさて残念千万なことである。

これはなんでも百姓は罷《や》めたい、あまりといえば馬鹿馬鹿しい話だ、ということが心に浮かんだのは、すなわちこの代官所から帰りがけに、自問自答した話で、今でもよく覚えております。


去りながらそれはただ心にその兆しを発しただけの事で、家に帰って、

「お代官がわがままをいって叱りましたから、かようかように申しました」

と父に話すと、父のいわれるは、

「それがすなわち泣く児と地頭で仕方がないから、受けて来るがよろしい」

とのことだから、翌日、金を持っていったように覚えているが、それから後は、事に触れ物に応じて、ますますその念慮が胸中にわだかまってきました。

ペリーが黒船でやってくる

そのうちに世の中がおいおい騒々しくなってきて、すでに嘉永六癸丑《みずのとうし》の年〔一八五三〕には亜米利加《アメリカ》のペルリ〔ペリー〕という水師提督が、四艘《そう》の軍艦を率いて、伊豆《いず》の下田《しもだ》に来て、和親通商の条約を取り結ぼうということを、幕府へ要求しました。

さあ幕府の混雑というものは、大変な事で、その時老中の筆頭であった阿部伊勢守などは、自分でも分別に余ったものとみえて、そのころは慎隠居になっていた水戸《みと》の烈公《れっこう》〔徳川斉昭《なりあき》〕を、

無理に頼んで相談相手に引き出すという騒ぎ、すると京都はもちろん、諸藩においても、あるいは和議がよいとか攘夷《じょうい》がよいとかいって、時事を談論するものがたちまち多くなって、ちょうど今日世間でやかましい民権論のように、そこでもここでも集まって、いや伊勢守の処置がわるい、ペルリへはどう返答するであろう、なにとうてい戦争になるだろう、いや幕府が弱いから、戦争をすることは出来まい、しかし戦争がいやなら彼の要求に随って開港をせんければならぬ、もしその開港通商をするという日には、京都は、どうであろう、天子様は必ず勅許《ちょっきょ》は遊ばさるまい、などということをしきりに唱えるようになってきました。

衰退する幕府

それで前にも申すとおり、百姓というものは、じつに馬鹿馬鹿しいという意念が、この物騒な時勢に促されて、だんだん増長してきたところから、ついに平生誦読《しょうどく》した『日本外史』、または『十八史略』などで、漢《かん》の高祖〔劉邦《りゅうほう》〕は下沛《かはい》から興って四百余州の帝王となり、太閤秀吉は尾州〔尾張〕の百姓で、徳川家康は三河の小大名から出たのだ、などということを考え合わせ、また太田錦城《おおたきんじょう》が『梧窓漫筆《ごそうまんぴつ》』という書に論じたとおり、千古の英雄豪傑も皆自分の友達のような念慮が生ずるようになってきた。

しかしそれは十七の歳から十八、十九、二十ころまで両三年間のなりゆきであったが、何ぶんにも父は常に家業の方のみを督励して、書物ばかり読んでいては家業のためにならぬと謂われるので、ふだんは家業一途《いちず》に出精して、藍の商売については年に四度ずつはたいてい自分が引き受けて、信州・上州・秩父の三箇所を巡廻《じゅんかい》するのでなかなか多忙に日を送りました。

さてこう自分に引き受けてみれば、商売上の小さい仕事ではあるけれども、またおのずから商略ということもあってなかなか面白いものだから、かの農・商は馬鹿馬鹿しいという意念も全く消滅はせぬけれど、業務に対する慾望《よくぼう》で、すなわち家業を都合よくやりたいとか、または最良の藍を製造して、阿州《あしゅう》〔阿波《あわ》〕の名産に負けないようにしてみたい、などという志望が起こって、ある年、近村から多人数の藍を買い集めて、その藍を作った人々を招待して、あたかも相撲の番附のようなものを拵《こしら》えて、藍の良否に応じて席順を定め、一番よい藍を作った人を一番上席に据えて、多人数を饗応《きょうおう》したが、「来年は今いっそうよい藍を作るように注意しよう」などといって率先して同業者を奨励したこともあった。

かように一時は家業にも勉強したけれども、その後おいおいと世間が騒がしくなって、「攘夷についての叡慮《えいりょ》は確乎《かっこ》としてお動きのない趣である、また水戸の烈公も攘夷論を主張されるし、長州も薩摩も同論である。しかるに幕府では因循《いんじゅん》〔しきたりにとらわれて改めないこと〕の処置のみ多いから、そのうちには衝突または破裂を見るに相違ない」などといって時事を談論する書生連、すなわち今日も現存している薩摩の中井弘《なかいひろし》だの、また先年死去せしと聞く長州の多賀屋勇《たがやいさむ》だの、それから山崎《やまざき》の戦争に討死した宇都宮《うつのみや》の広田精一《ひろたせいいち》・

戸田六郎《とだろくろう》などいう人々がおいおい文学の修業とかなんとかいって出てくるから、詩を作ったり文を論じたりしながら、時世を談ずるようになって、人々の話を聞くたびごとに、幕府の政事が衰頽《すいたい》したという感じを強くするようになってきました。

江戸に出ることに

自分が読書の指南を受けた尾高惇忠の弟に、長七郎《ちょうしちろう》という人があって、自分よりは二つ年長で、大兵《だいひょう》〔体が大きい〕のうえに腕力もあり、かつまた撃剣においては非凡の妙を得た人であったから、撃剣家にするというので、その以前から江戸へ出ていたが、これも折々江戸から友人の書生を連れてきて、しきりに慷慨《こうがい》憂世〔世を憂い、憤《いきどお》り嘆くこと〕の談論をするという有り様であった。さなきだに下心のあることだから、自分もついに二十二の年に、内心ではこのまま田舎に百姓をしていることは成し得られぬ、という覚悟をしました。

そのころ、長七郎が下谷練塀小路《したやねりべいこうじ》の海保《かいほ》という儒者の塾にいて、そうして剣術遣いのところへ通っていたから、それを便りに、

「どうか自分も江戸へ出たい」

といった。ところがその時には父がよほどやかましく小言をいって、

「今この商売を打ち捨てて、書物を読むために家の事を粗略にしては困る、そういう量見では

まだ安神《あんしん》が出来ぬ」

という意味で、大いに教誡《きょうかい》しられたけれども、

「自分においては、永く江戸にいるつもりはない、ただ春先農業の閑暇に少しは本も読みたいという考えである」

といって、強いて請求して、とうとう父の許しを受けたから、二た月あまりも江戸に出て、海保章之助《しょうのすけ》という儒者の塾に這入《はい》っておった。その真意はとうてい百姓をしている時節でないという考えで、すなわち十七歳の時に発した念慮が増長した訳で、それについては、世にはだんだん名ある人もあることだから、広く当世の志士に交遊して議論も聞きたく、または実際に当世の模様も見たいという志がますます熱くなってきたのである。

こういうと思慮もよほど周密のように聞こえるが、その実は山気《やまき》〔投機や冒険を好む気質〕がおいおい高ぶってきたというのでありましょう。

さて海保の塾へ入学してから両三日を経て、『孟子』の講釈をやらせられた時には、大勢の書生に笑われて、赤面して両腋《りょうわき》から汗を出したこともあり、またその後にも塾則を破って先生に叱られたこともあったが、もとより自分の念慮はあえて書物を十分に読もう、また剣術を上達しようという目的でない、ただ天下の有志に交際して、才能・芸術のあるものを己の味方に引き入れようという考えで、早く云ってみれば、かの由井正雪《ゆいしょうせつ》が謀反を起こす時によく似ていた。そのうちに世の中はますます騒々しくなってきていろいろの出来事もあったが、それは

近世歴史などに書いてあるからそれを読んでみれば委《くわ》しく分かる事だによって今ここでいちいちこれを話しませぬ。

　かくてその歳の五月ごろまで海保の塾にいてしきりに書生連に交際したが、またお玉《たま》が池の千葉《ちば》という撃剣家〔剣術が上手な人〕の塾に這入って、剣客の懇意を求めていた。

　その訳は、今申すとおり、読書・撃剣などを修行する人のうちには、自然とよい人物があるものだから、抜群の人々を撰《えら》んでついに己の友達にして、そうして何か事ある時に、その用に充てるために今日から用意しておかんければならぬという考えであった。

　元来思慮というものは一方に密なると一方は疎になるもので、すでに憂国の志士を気取って大事を自任した以上は、万事の思想が自然とその点に集まってくるから、一方の農業と商売とは十分に丹精しないようになる。

　さあそうなると厳正な父だから黙ってはいない。たびたび叱られました。

　しかし自分ももう二十二、三にもなり、幾分か世の中の事にも馴《な》れて、ことに漢学書生などと交際して、国事の議論もするという有り様であったから、父も不機嫌ながら、さすがに小児を叱るように、馬鹿な真似をするな、などとはいわぬけれども、心の中を察してみると、なんとなく心配をしられる様子であった。

　もっとも親が子を思うのはすこぶる深切《しんせつ》なもので、心配のうちにも、書生などの遊歴してきた時に、自分がそれと負けず劣らずに時勢を談論すると、おれの児《こ》は人に対して恥ずかしからぬものだ、と嬉《うれ》しそうな様子も見えたが、そうかといって近頃の挙動ではいつ家を飛び出していかなる難儀を仕出かすかもしれぬということも、大いに心配されたように思われた。

じつに今日から回想してみても、自分が二十二歳の春、江戸へ遊学したころから、二十四の冬、京都に旅行するまでの間において、父の痛心苦慮というものは真に思いやられるほどで、さてさて自分は不孝の子であった、といまさら後悔に堪えませぬ。

坂下門外の変の影響

自分が二十三の歳であったが、正月十五日に老中安藤対《あんどうつ》馬守《しまのかみ》の登城先を河野顕三《こうのけんぞう》などが、坂下門外に待ち受けて斬りかけた。

その事に連累して大橋訥庵《おおはしとつあん》が捕縛になって、尾高長七郎もまた嫌疑を受けたが、長七郎はその時田舎に来ていたから、田舎までも逮捕の沙汰《さた》があるということを自分が聞き込んだけれども、長七郎はかえってそれを知らずに、江戸へ出るといって、すでに出立したということだから、自分は一方《ひとかた》ならぬ心配をして、その夜の十時ころから宅を駆け出して、四里ほど隔てている熊谷宿まで追っかけて漸《よう》く長七郎を引き留めて、さて貴契《きけい》〔貴君〕は知らぬ様子だが、坂下連中はその場に出もせぬ児島恭助《こじまきょうすけ》〔強介〕までも縛られたほどだから、この田舎ですらじつは危険千万に思う矢先である、しかるに嫌疑を蒙っている貴契の身として、この場合に江戸へ出るというはあまり無謀な話で、自ら死地に就《つ》くも同様だによって、ここから方向を換えて、一刻も早く信州路から京都を志してしばらく嫌疑を避けるのが上分別であろう、と忠告して、すぐに京都の方へ落としてやったが、それというも、一つには京都の形勢はいかであるか、かたがたその様子も聞きたいという考えもあったのである。

その仔細《しさい》というものは、そのころ京都では学習院《がくしゅういん》というものが立って今の三条《さんじょう》内大臣が総裁で諸藩から御寄人《およりうど》というものが出来て、盛んに国事を論じている趣だから、もとより逢ったことも見たこともないけれど、京都は攘夷論の根本で、諸藩の有志家も集合していろいろ議論もある様子だから、今その実況を知るのは必要である、それゆえ、幕府の嫌疑を避けながら、長七郎に京都行きを勧めてやったのでありました。

徳川幕府への諦め

二十四歳の春、すなわち文久《ぶんきゅう》三亥年《い》〔一八六三〕に自分はまた江戸へ出て、海保の塾と千葉の塾とに這入って塾生をした。この時は来たり帰ったりして足かけ四月ばかりの間であったが、そのうちにだんだん思考して、ついに一つの暴挙を企てようということを工夫した。

それはいかなる訳かというに、朝廷からは始終かわらずに攘夷鎖港の勅諚《ちょくじょう》〔天子の命令〕があるにもかかわらず、幕府においてはいつまでも因循していて、今に朝旨を遵奉せぬというのは、

すなわち
戎狄《じゅうてき》是れ膺《こ》ち荊舒《けいじょ》是れ懲《こ》らす〔外敵を討ち懲《こ》らしめる『詩経』〕
という格言に背いて、征夷《せいい》将軍の職分を蔑如《べつじょ》するものである。かくの如き姿では、目前洋夷《ようい》のために我が神州《しんしゅう》を軽侮されるしだいで、万々一にもこの後もし城下の盟《ちかい》をするように通商条約でも許したならば、それこそ我が国体を汚辱するものといわねばならぬ始末である。たとえ和親をするにもせよ、まず一度は戦って相対の力を比較した後でなければ和親というものではない。
なに彼に堅艦巨砲があっても、我にはいわゆる大和《やまと》魂をもって鍛錬した日本刀の鋭利があるから、手当たりしだいに斬って斬って斬りまくろう、という向不見《むこうみず》の野蛮な考えであって、今から見ると、まことに笑うべき話にすぎぬけれども、その時は攘夷一途に思い込んだ頭脳だから、いわゆるこの幕府では攘夷などは出来ぬ、そのうえもはや徳川の政府は滅亡するに相違ない、何故だというに、世官世職《せいかんせしょく》〔家職を世襲する〕の積弊がすでに満ち政府を腐敗させて、つまるところ、智愚賢不肖おのおのその地位を顚倒《てんとう》してしまった。
士気の沮喪《そそう》、人心の解体した現今の有り様でも明らかに分かることである。ゆえにこの際天下の耳目を驚かすような大騒動を起こして、幕政の腐敗を洗濯したうえでなければ到底国力を挽回《ばんかい》することは出来ない。
我々は農民とはいいながらいやしくも日本の国民である以上は、我が本分の務めでないから、といって傍観してはいられない、とても十分の事はなし得られまいが、一番、目覚ましく血祭になって世に騒動をひき起こす階梯《かいてい》〔はしご。手引き〕になろう、と考えたので、これが前にも申した、暴挙の要旨でありました。

さりながら二人や三人で外国人の中へ斬り込んだところが、それでは生麦《なまむぎ》一件〔生麦事件〕くらいの事で、また償金〔賠償金〕で済むから、とても志を得ることは出来ぬ、なんでも幕府の保ち得られぬというような一大異変を起こすにはどうしたらよかろうかということを、いろいろ考えて相談をした。それも多勢の相談ではない、尾高惇忠・渋沢喜作《きさく》の両人と自分と、都合三人で密議を凝らしたのであったが、ついに一案を立てました。

横浜襲撃計画

その密議の一案というのは、すなわち一挙に横浜《よこはま》を焼き撃ちして、外国人と見たら、片っ端から斬殺《ざんさつ》してしまうという戦略であった。

しかし横浜襲撃の前にまず高崎の城を乗っ取って兵備を整えたうえで、高崎から兵を繰り出して鎌倉《かまくら》街道を通って横浜へ出れば通行も容易である。江戸を経過する時は、いかに懦弱《だじゃく》だといっても諸大名などもいてかれこれ面倒であるから鎌倉街道によるという軍法で、ずいぶん乱暴千万な話に相違ないが、これがもし果してその時に実行したことなら、自分らの首は

二十三、四年前に飛んでしまったであろう。しかしその時はごく真面目で、いわゆる満腔《まんこう》〔満身〕の精神を籠《こ》めて諸事を謀議しました。

いわばこの手筈《てはず》はかくすべし、かの方法はかようにありたし、また兵器とても、鉄砲は用意し得られぬから、槍と刀とを用いることにしよう。その他の用具に至るまで、春以来秘密に買い調えたが、つまり万一を僥倖《ぎょうこう》〔幸運を願い待つ〕する仕事だから、どうせ甘くは出来まいが、出来ぬところが一死もって止むという決心で、刀などもここで買いあそこで買いして、尾高が五、六十腰、自分が四、五十腰、その外着込みといって鍛え皮を鎖で亀甲《きっこう》形に編み付けた剣術の稽古着のようなものから提灯《ちょうちん》、その外必用の物の具までも相応に用意して買い集めた。その金は藍の商売をした勘定の中から父に隠して支払ったが、およそ百五、六十両くらいであったと思います。それからめいめい竹槍を持って高張提灯《たかはりぢょうちん》を押し立てるという趣向だから、まるで昔の野武士のような扮装《いでたち》であったろうと考えます。

さてこの徒党中のおもだった人々は、尾高両人に、喜作と自分との外に千葉の塾で懇意になった真田範之助《さなだはんのすけ》、佐藤継助《さとうつぎすけ》、竹内練太郎《たけうちれんたろう》、横川勇太郎《よこかわゆうたろう》、海保の塾生で中村三平《なかむらさんぺい》などで、その他は親戚郎党の中からかれこれ集めて、以上六十九人ばかりあったかと記憶しています。この人々は極秘密にいろいろの準備をして、にわかに起こって不意に高崎に夜打ちを仕掛けてその城を乗り取ろうという軍略であった。

そこでこの事を発するには焼打ちが第一だから、なんでも火早い時節がよかろうというので、かの諸葛孔明《しょかつこうめい》が風を祈るような心持ちで、まず冬という考えをつけて、その歳すなわち文久三年の十一月二十三日と決定した。

けだしこの二十三日は冬至に相当して一陽来復《いちようらいふく》というすこぶるめでたい吉日であるから、おのずからかの

陽気発する処《ところ》金石《きんせき》皆透る、精神一たび到らば何事か成らざらん〔活動の気が生じれば金属や石も貫く。精神を集中すれば、困難なこともできないことはない。『朱子語録』〕

という意味を含蓄して、取り極《き》めたのである。

勘当、そして父との別れ

この事を決定したのは八月ごろであったが、さてだんだんとその時日の迫ってくるにつけて、よそながら父に決心のほどを知らせたいと思って、その年の九月十三日は後《のち》の月見といって田舎では観月の祝いをする例があるから、その夜、尾高惇忠と渋沢喜作の両人を自分の宅に招いで、父も同席で世間話をするうちにそれとなく自分の一身を自由にすることの相談を始めた。

全体自分の企望《きぼう》するところは、父からこの身を勘当してもらうという覚悟であったが、さればといって子が親に向かって突然勘当して下さいともいわれぬものだから、まず世の中の起き伏しから話の緒《いとぐち》を開いて、

「この天下はついに乱れるに違いない、天下が乱れる日には農民だからといって安居してはおられぬ、ゆえに今日からその方向を定めて乱世に処する覚悟をせんければならぬ」

といい出したところが、父はその話をさえぎって、

「それは其方の説が分限を越えていわば非望を企てるということになる、根が農民に生まれたのだからどこまでもその本分を守って農民に安んじたがよい、しかし幕府の非政を論じたり閣《かく》老《ろう》〔老中〕なり諸侯なりの失職を誇《ぼう》議《ぎ》したりして、善悪忠邪らを見分けるほどの知恵を聞くのはもとより自己の一見識として何も妨げはないけれども、身分上については左様な不相応の望みを起こさんでもよろしい、時世を論ずるのは妨げはせぬけれども、身分の位置を転ずることは量見違いだから、どこまでも制止せんければならぬ」

と謂われたから、自分は押し返して、

「なるほど、父上の仰《おっ》しゃるところは一応ごもっともだけれども、日ごろ、大人《あなた》が世のなりゆく様をお歎《なげ》きなさるのも私と同情で、あるいはいっそう深いほどにも伺っているではござりませぬか、いったい今日武門の政事がかくまで陵夷《りょうい》〔衰えすたる〕してしだいに腐敗する有り様になった以上は、もはやこの日本はいかなるか分かりませぬ、もし日本の国が陸沈するような場合になったとみても、己は農民だから微《すこ》しも関係せぬといって傍観しておられましょうか、何事も知らぬならばそれまでのこと、いやしくも知った以上は、国民の本分として安心は出来ぬことであろうと思われます。

もはやこの時勢になった以上は、百姓町人または武家の差別はない。血洗島村の渋沢家一軒の存亡に頓着《とんじゃく》なさる事はなかろう、いわんや私が一身の進退上についてはなおさらの事のように存じます。ただいま仰せの分限を守るということは誠に当然至極の事でございますが、さりながら人世の事は常《つね》に処すると変《へん》に処するとの間において、自から差別を生じて、同一に論定することは出来ますまい、いや『論語』にはこういうことがある、『孟子』にはああいうことがある」

などといって、その問答はなかなか長いことでついに夜が明けてしまった。

もちろん自分はあえて議論がましくむやみに父に反対して高声に討論した訳ではなく、ただ諄々《じゅんじゅん》〔繰り返し〕と論じているうちに夜が明けた。すると父は思いきりのよい人で、夜が明けてから、

「もう何もいわない、よろしい、其方はおれの子じゃないから勝手にするがよい、だんだんの議論で時勢もよく分かったから、そういうことを知ったうえからはそれがその身を亡ぼす種子になるかあるいはまた名を揚げる下地になるか、そこはおれは知らぬ。よしや時勢が十分に知れても、知らぬつもりでおれは麦を作って農民で世を送る。たとえ政府が無理であろうとも役人が無法なことをしようとも、それには構わずに服従する所存である。

しかるに其方はそれが出来ないというなら、仕方がないから、今日からその身を自由にすることを許して遣わす。それについてはもはや種類の違う人間だから、相談相手にはならぬ。こ

のうえは父子各《おのおの》その好むところに従って事をする方がむしろ潔いというものだ」

といわれて、ようやく十四日の朝になって、一身の自由を許されました。

この時に自分は父に向かって、

「これまでは家業も勉強して藍の商売も拡張したけれども、すでに国事に一身を委《ゆだ》ねるという以上は、父母に対してはこのうえもない不孝のしだいでありますが、とうていこの家の相続は出来ませぬから、速やかに自分を勘当して、跡は養子でもお定め下さい」

と申しましたら父のいわれるには、

「今突然勘当といっても世間でも怪しむから、ともかくも家を出るがよい。いよいよ出た後に勘当したということにしよう。また養子の事はその後でも遅くはないと思う。

向後其方がいかようの事をして死んだからといって、別に罪科を犯した事さえなければ、この家に迷惑を生ずるはずもあるまい。万一嫌疑で縛られても、家に対しては何事もあるまいから、今にわかに勘当届を出すには及ばぬ。

しかしこのうえはもう決して其方の挙動にはかれこれと是非は言わぬから、この末の行為によくよく注意して、あくまでも道理を踏み違えずに一片の誠意を貫いて仁人義士といわれることが出来たなら、その死生と幸不幸とにかかわらず、おれはこれを満足に思う」

と教誡されたことは、今でもなお耳の底にあるように思われて、話をするのもなかなか落涙の種子である。そこでまた父のいわれるには、

「これから江戸に出て全体何をする考えである」

としきりに尋ねられたが、自分は意中の機密だけは決して話さない。

何故というにもしこの機密を微《すこ》しでも話したならば、それこそ父は力を極めてこれを厳禁されるに相違ないから、ただいろいろの話にまぎらして、隠然と暇乞《いとまごい》をするようなしだいで、まずようやく親の許しを受けてこれでもう心配はない、いよいよ十一月に事を挙げるにはその前の準備もあり、人数も集めんければならぬから九月十四日に江戸へ出て、およそ一と月ばかり逗留《とうりゅう》していて十月の末に田舎へ帰ってきた。

襲撃計画を巡り激論する

ところがおいおい事を発する期日が近寄るから、ここかしこの土蔵の隅に匿《かく》してある槍、刀、その他着込みの類もすわ勢揃いという時に差し支えなくそれを出すつもり、なおその外にもいろいろの手筈もあるから、同志のうちで役割を設けて、誰と誰とはどこへ向かい、誰と誰とは何事を負担するということを定め、また地勢を十分に見ておかねばならぬから、これは自分が見にいく都合であった。

もっとも九月十四日に江戸へ出る時に、この事を発するにはまず京都の様子を明らかに承知するが必要だというので、京都滞在中の長七郎のところに飛脚をやって、かつ、

「ほぼこういう計画に定めたから要用の人物なら何人でも連れて関東へ帰ってこい」という委《くわ》しい手紙を持たせてやった。

その頃はかような秘密の手紙は、通常の飛脚屋へは出せない、ことに至急の事だから武沢《たけざわ》市五郎《いちごろう》というものをその使いに充てた。

十月の二十五、六日ごろになって尾高長七郎が京都から帰ってきた。そこでこれまでの成り行きを詳細に話して、向後事を挙げる手続き上の事も相談してかたがた京都の形勢を尋ねてみたところが、長七郎の考えはまるで反対で、いろいろに異論があった。

今日からみるとそのとき長七郎の意見が適当であって、自分らの決心はすこぶる無謀であった。じつに長七郎が自分ら大勢の命を救ってくれたといってもよい、というものは外でもない十月二十九日の夜、いよいよその事の挙止〔行動。処し方〕を決するために手計村の惇忠の家の二階で、惇忠、長七郎はもちろん自分と喜作と中村三平と五人集合して評議を始めたが、長七郎のいうには、

「暴挙の一案は大間違いである、今日七十人や百人の烏合《うごう》兵では何することも出来ない。よしや計画どおりに高崎の城が取れたにせよ、横浜へ兵を出すことは思いも寄らぬことである。ただちに幕府や近傍諸藩の兵に討滅されることは明亮《めいりょう》である。じつに乱暴千万な考えというものだ。つまりただ百姓一揆《いっき》同様に見做《みな》されてしまうであろう。

実際横浜まで押し出して居留の外国人を攘斥《じょうせき》しようとするには、十分訓練した兵でなければ

出来る訳のものじゃない。

　なるほど諸藩の兵も幕府の兵も弱いには相違ないが、ともかくも人数が多いから容易に打ち破ることは出来ない。現に十津川《とつがわ》浪士のような者で、藤本《ふじもと》であれ、松本《まつもと》であれ、相応に思慮才覚もある人だけれども、わずかに五条《ごじょう》の代官くらいを破ったまでで、ただちに植村《うえむら》藩に拒《ふせ》ぎ止められてしまった。その人数も百人あまりあって、しかも中山《なかやま》侍従という有名の公家《くげ》が盟主になって、藤本鉄石《てっせき》と松本鋭太郎《えいたろう》〔謙三郎、号は奎堂《けいどう》〕とが死力を尽くしたけれども、天子の関東御親征という論がにわかに変じて、三条公始め七卿《しちきょう》が長州へ落ちるということになるとたちまち散り散りばらばらになって、藤本と松本とは討死してしまったという有り様ではないか。してみれば、高々よくいったところが十津川浪士くらいの事であろう。

　ただしそれでも幾分か天下の士気を鼓舞することは出来得るであろうが、その効能はじつに些細なものだ。その些細な効能のために数十人のものが打ち揃って死んでしまうのは残念ではないか。じつに残念だからあくまでも不同意である」

という。自分はこれに反対して、

「なるほど十津川暴挙に比較してみれば今の想像も適当であろうが、しかし今にわかに我々がそれだけの力を持つ工夫は決してない。

　さればといってその力の増すことを謀《はか》ったうえでという時には、いつといって大事を挙げる日はあるまい。ついには知らず知らず人後に落ちてこの壮挙を決行することの出来ぬようになるのは必然であろう。すでに我々同志のものは、陳勝呉広《ちんしょうごこう》〔楚の陳勝と呉広。秦の暴政に対し最初に反乱を起こした。物事の先駆けとなる人〕をもって自ら任じて天下の志士に率先することを期したのではないか。

今我々が事を起こしたならば、たとえ一敗地に塗《まみ》れたところが、天下の同志者がこれを見て四方から奮起してついに幕府の天下を潰《つぶ》すであろうから、つまり我々はその血祭になるのだ。秦《しん》の敗れて漢の高祖が天下を平らげた時にも、この血祭はずいぶん多くあった。今日幕府を亡ぼす端緒を開くためにその血祭となることなら、われわれの本分は足る訳である。

もしもまだまだといっているうちに不幸にして幕府の嫌疑を蒙って、縲紲《るいせつ》〔罪人として捕らわれること〕の辱めを受けたうえで、いたずらに獄中の鬼となるまいものでもない。とても死ぬと定めた以上は事の成敗などは天に任せておいて、ここでかれこれ論ずるには及ばぬから、唯一死をもって事を挙げる所存である」

とすこぶる切迫した論をしたところが、長七郎は

「いやそんな事をいっても、今この計画したような乱暴なことをして、万一流賊一揆と見做されてことごとく縛首の刑戮《けいりく》に逢うようなことがあっては残念だからどこまでも力を極めて留める」

という。自分は

「決してやめぬ、必ず決行する」

という。

この時も徹夜して論じた末に、長七郎は自分を殺しても挙行を抑止するというし、自分は長七郎を刺しても挙行するというので、ついに両人して殺すなら殺せ、刺し違えて死ぬというまでに血眼になって論じたけれども、長七郎はあくまで承知せずにこの企てを止めるから、そこで自分も退いて熟々《つらつら》考えてみたところが、なるほど長七郎のいうところはもっともである、軽々しく一揆を起こしてもとてもよい出来栄えを見ることは見込みのないのだから、ただ死をもってするといったところが百姓一揆同様に見做されて、この連中のおもだった者が幕府の獄吏に辱められて、空しく刑場の露と消えることになると、ただはじめの目的に届かぬばかりでなく世間においては児戯《じぎ》に類した挙動だなどと評判されまいものでもない。

そうなる日にはつまり我々に続きて起こる志士もなく、いわば犬死になるかもしれぬ。なるほど長七郎の説が道理である。これは一番緻密《ちみつ》に謀慮せんければならぬと気がついたから、いよいよやめることにしようと感悟〔感じてさとる〕した。

家を出る

さてやめるとすれば速やかに人も離散させんければならぬからそれぞれに手当などもやって解散したが、自分らの身の上もなんとか工夫をせんければならぬ、というものは、そのころ、幕府に八州《はっしゅう》取締りというちょうど今いう探偵吏のようなものがあって、それが少しでも変な風評を聞くとただちに探索をしてたちまち召し捕ることになっていた。

すでに大橋訥庵《おおはしとつあん》を縛した時にも、その連累のものを田舎まで手配りをして探偵をした。自分達もすでに捕縛されようとした危険の場合もあったが、およそ事を発しようという際には気が勝っていて、八州の五人や七人は片っ端から斬殺してしまうという勢いだから、ちっとも畏《おそ》れなかったが、その企てを止めることになるとすこぶる危険に思われたから、自分と喜作とはこれから京都へ行くことに定めて、近隣や親類へは伊勢参宮かたがた京都見物に往くと吹聴して故郷を出立したのは十一月の八日であった。それから江戸に四、五日いて、十一月の十四日に江戸を出立しました。

これが自分の血洗島村の家を出るまでの一段落で、取りも直さず農民から浪士とか書生とかいうような身分に変じたしだいであります。

なおこの末に一橋家に仕える前に千辛万苦した話もあり、また奉仕して後にもいささか一橋家の政事に関係した話などもあるが、それは浪人になってからの一関節であるから、他日の話として、今夜はまずこのくらいで擱《お》きましょう。

巻之二

幕府を倒すには

先晩に引き続いてまた自身の履歴話を致します。

自分の身の上は、あたかも蚕《かいこ》が最初卵種から孵化して四度の眠食《みんしょく》をかさね、それから繭《まゆ》になって蛾になり、再び卵種になる有り様で、二十四、五年間に、ちょうど四回ばかり変化しています。すなわち前回は卵種から虫に孵化するまでの話で、これから先は蚕児が生長して繭となり蛾となり、だんだん変化してつまりはまた元の卵種になるまでの事を話すので、今晩のところは第二関節の時代を話す訳になります。

前回に話したのは農民に生まれ耕作を事とする身分でありながら、あえて幕府の暴政を憤っていかにも今日の有り様では幕府は維持が出来ぬ、よしまた出来るとしたところがこのままには棄ておかれない、農民風情の身柄ではあるが、この一身を犠牲に供しても暴政変革の端緒を開いて、真正公明な政事の行われる世にせんければ、日本の国は潰れるに相違ない、現在の危《き》殆《たい》［あやうい］な時勢に際していながら、自分の本職でないから政事などに口を啓《ひら》かんでもよろしいと申してはおられぬ場合だから、いかにも精神を砕いて世を済《すく》うことに骨を折らんければならぬ。

さてその精神を砕いて世を済うという手続きは、どうしたらばよかろうか、迂遠《うえん》な道をゆくとすればまず賢明の君に仕官して言も聴かれ謀も用いられ、かつ老中とか若年寄とかいう職分になって天下の政にあずかるのが順当の道であるが、それはとても企て及ばぬ。ことにその時分の徳川政治というものは、いわゆる世官世職といって、家柄が定まっているからいくら器量があろうが才識があろうが新規にその地位に出る事は出来ぬ。

その他の役々も皆それぞれにこの階級順序があって、農民などがどのように才智があって勉励したからといって、とうてい天下はおろか、一国一郡の政事にも与《あず》かり得られるような制度ではなかった。

それだから今の世の中に功名を顕《あらわ》そうとするには、とても順道は取れぬから逆道をゆかんければならぬ。それを一口に申すと、変乱を謀るので、国に大騒動を始めるより外はない。大騒動を起こしたら、その騒動によって幕府が斃《たお》れて国家が混乱する、国家が混乱すれば忠臣も顕れ、英雄も出てこれを治める。して見れば国家を混乱するのは国家を治定する階梯となる訳だから、我々は奮ってその混乱を促して、そのためならば一身を犠牲にしても厭わぬという考えであった。

さて国家を混乱する手続きはというと、すなわち一揆を起こして、まずその手始めに一つの大名を討ち潰してその兵力を藉《か》り、機会に乗じて横浜を焼討にしたら、必ず外国人がそのままにしておかぬから兵力をもって日本を討つ、そうすればとうてい幕府では支えることが出来ぬであろう、すでに兵端の開けた以上はどこからか真の英雄が顕れて、徳川の幕府はついに顚覆《てんぷく》する、顚覆した後はこれに代わって国政を執る者が出来る順序に移るであろうという考えであった。

京都を目指すことに

そうしていよいよ事を挙げるのは、前夜お話したとおり自分が二十四の年で文久の三年〔一八六三〕十一月の末と定めたところが、十月の二十九日に尾高長七郎が京都から帰ってきて、大和五条の暴挙を見た有り様を説いてこの事を止めろといって諫《いさ》めたのを、自分は大いに反対したが、再三再四討論の末なお退いて静思熟慮してみれば、なるほどこの事は暴激に失するという事を見出《みいだ》した。

じつに長七郎のいうとおり、志はもっともだがその志を天下に表白することも出来ず、また万分の一を尽くすことも出来ずに単に流賊一揆と見做されて幕吏に擒《とら》われて鼎鑊《ていかく》定格の刑〔罪人を沸騰した湯や油で煮殺す刑罰〕を受けるということも好ましくない、して見ればこの計画は止めるより外に仕方がない。

いよいよ止めるとした以上は、一身の処し方はどうしたらばよかろう。元々この身を国家の犠牲に供するつもりで一旦家を出た以上は、安閑としている事は心にすまぬ訳である。また故郷にいては将来志を伸ばす端緒も得られない。また一つには右の挙動はその時分の探偵吏、すなわち八州取締が窺《うかが》い知ってすでに手を廻しているということを少々聞き知っておった。ことに事を発しようという際にはめいめい慎みが深いから、あまり人の耳目にも触れぬが、すでにその事を止めると知らず知らず話が漏れてたちまち露顕するということは、ずいぶん古今の歴史上にも例の多いことだから、我々が安閑としてこの地にいるのは極めて危ないことである。

このうえはしばらく身を隠して旅行でもするより外に仕方がない。それにしても旅行の目的はどこがよかろうか、さまざま相談もしたが、結局京都は輦轂《れんこく》の下〔皇居のある場所〕で諸藩も大いに目をつけて少し志のあるものは皆京都に輻湊《ふくそう》〔一カ所に寄り集まり混雑すること〕する時節であるから、京都へ行くのが上策であろうというので、同姓の喜作と共に京都に出立することに決定しました。これはたしか十一月の二日、三日のころと記憶しています。

その時、尾高惇忠は自分より十歳ほど年長で、かつ父はすでになくなってその身が一家の戸主であるから、家政万端の責任があるによって、自分らと共に家出する訳にはゆかぬから、いろいろ将来の事までも相談して、跡の始末も託しました。また長七郎は元来撃剣家で、このころ京都から帰宅したばかりだから、すぐに京都へ引き返すのも面白くなかろうというので、これはここに留《とど》まって、撃剣の指南をしながらそのうちに時機をみてゆるゆる京都へ来るがよかろうと話し合いをして、自分と喜作とは十一月の八日に故郷を立って十三日まで江戸に逗留してそれぞれの準備をしたが、いよいよ十四日に江戸を発足して、その日は東海道程《とうかいどうほど》ヶ谷《や》宿に一泊したように覚えています。

平岡円四郎の家来になる

そこでこの京都行きの手続はどうしたかというに、そのころ一橋家の用人に平岡円四郎《ひらおかえんしろう》という人があって、幕吏のうちではずいぶん気象〔気性〕のある人で書生談などがいたって好きであったから、自分と喜作とはその前からたびたび訪問してよほど懇意になっていました。

ある時、平岡のいうには、

「足下〔貴殿〕らは農民の家に生まれたということであるが、だんだん説を聞いて談じ合ってみるといたって面白い心がけで、じつに国家のために力を尽くすという精神がみえるが、残念な事には身分が農民では仕方がない、幸いに一橋家には仕官の途《みち》もあろうと思うし、また拙者も心配してやろうからすぐに仕官してはどうだ」

という勧めがあったことがある。

その時に自分らの考えは前に申した一つの目論見《もくろみ》があったから、それには一橋の家来と名を借りておったならば、刀剣を帯して歩行《ある》くにもまたは槍を持つにも着込みを用意するにも多人数を集めるにも、すべて人の怪しみを招くことが少ない、農民風情では帯刀も憚《はばか》らねばならぬ制度の下にいる時だから、これは好機会だと思って右の平岡に別して〔特別に〕懇親していた。

それらの縁故からして、京都へゆく時にも平岡の家来ということにしようと思ったが、この時に平岡はすでに一橋公〔一橋慶喜《ひとつばしよしのぶ》、のちに徳川慶喜〕の御供で九月に京都へいって留守であったから、その留守宅を尋ねて細君にその事情を述べて、京都へゆくために当家の御家来のつもりにして先触《さきぶれ》を出すからこの事を許可して下さいといったところが、細君のいうには、かねて円四郎の申し付けには、おれが留守に両人が来て家来にしてもらいたいといったら許してもよいということであったから、その義ならば差し支えない、承知したといわれたから、両人は平岡円四郎の家来という名目で歩行きました。

なにぶん素浪人では道中で嫌疑される虞《おそれ》があったが、いやしくも一橋の家来といえば容易に捕縛される掛念がないというのでその予防をしたのであります。

さてその道中も何事なしに京都へ到着したのは十一月の二十五日と覚えている。もちろん道中は格別いそがなかったが、しかし別に遊山《ゆさん》見物のために往《ゆ》く訳でないから、ただ通常の道を歩行いていった。京都へ着したならば天下の英雄豪傑といわれる人が大勢集っていて、しきりに天下の大勢《たいせい》に注目しているから、なんぞよい機会が見出さるるであろうという思惑であったけれども、着するとすぐに彼《か》の平岡円四郎を尋ね、またその他一橋の家来で二、三人の知人を尋ねた。

もとより京都へいったのは一橋家へ仕官する望みではなく、ただただ京都の形勢を察しようという目的であるから、しきりに天下の有志家に交わりを求めていたが、ここに一つのお話があります。

父に金をもらう

さきほど申したとおり、すでに暴発をしようという考えからして、止むことを得ず藍の商いに取り扱った金のうちで、あるいは刀を買ったり、着込みを作ったり、その他いろいろの事に使用したから、この事を後に父に打ち明けて、どうか許容して下さいといった。

その金高はおよそ百五、六十両ばかりであった。

しかし一身の遊興に金銀を費やすということはこれまで一切なかったから、父もこの事を許諾して、

「それは止むことを得ないから家の経費と見做《みな》す」

といわれました。それでまた京都へ立とうという時に、

「再び家へ帰るか帰らぬか知れぬから、もし困ることがあってはならぬ、金がいるならいくらでも持ってゆけ、また向こうへいった後も、この身代は其方の身代だから不道理の事に使わぬ以上は決して惜しみはせぬから、入用があったら必ずそういってよこせ、送ってやる」

と父が惜し気もなく親切にいってくれられた。しかし自分は、

「金はいらぬけれども、道中少しもなしでは困ります、金の入用なほどにこの身体が保つか、もしくはこの家の金を当てにせずと活計〔生計〕が立つようになるか、いずれにしても自分の

身体は短いうちに始末が附かなければなりませぬから、ただ当坐《とうざ》の入費に百両だけの金を下さい」

といったら、

「よろしい持ってゆけ」

ということで百両もらったことを覚えている。

ところがもう明日にも死のうというような考えだから、その以前とはまるで反対で、江戸に遊んでいる間にはあるいは芳原《よしわら》〔吉原〕へいった事もあり、その他、無駄な事にも使って、たちまち二十四、五両の金がなくなってしまった。

それからその残金を持って京都へ来てからは、頼復次郎《らいまたじろう》〔頼支峰《らいしほう》〕を尋ねるとか、または宮原《みやはら》の塾を尋ねるとか、あるいはどこに何藩の周旋方《しゅうせんがた》〔朝廷と幕府のなかだちなど様々な政治勢力のとりもちを担う者〕がいるから尋ねるとか、どこに名高い慷慨家《こうがいか》〔世の不正に憤り嘆く者。ここでは急進的尊皇攘夷主義者〕がいるから訪問しようとかいって、互いに相往来していたから、自《おのず》から入費も掛かりがちで、京都へ来て一月あまりはそんな事で至極面白く遊んでいた。

しかし、眼目とする幕政を覆そうという一条については、その端緒にだも出会《でくわ》することは出来ない。ただあちこちを歩行いてみてもただ通常の評判を聞くのみで、あるいは叡慮はあくまでも攘夷をご主張なさるが、幕府が擁蔽《ようへい》〔ふさぎおおう〕し奉るから御趣意が明白に分からぬとか、またはとうてい親睦することは出来ぬとか、あるいは界町御門《さかいまちごもん》の固めを長州が止められて今では会津《あいづ》が守護職となって勢力を得ているから有志家の頭はあがらぬ、などという評判ばかりで、これぞという機会を見つけることが出来ずにいました。

それゆえその歳の冬押し詰まってから、ただこうやって遊んでいてもつまらぬから今のうちにどこかへ旅行でもしようかということを喜作と申し合わせてまず伊勢参宮がよかろうといって同道で出立した。

その時分には尊王家が伊勢の神廟《しんびょう》を拝するのは国民の義務というほどであったから、それで伊勢神廟を拝して、ついでに奈良・大阪あたりの名所古跡も見てくるはずで十二月の中旬に京都を出掛けた。寒い時分でもあり、今日のように汽車や人力車のある道中でもなかったからはなはだ不便利であったが、しかし向こう見ずの強い気象を持っている時分であったからずいぶん面白く伊勢参宮をして、再び京都へ帰ってきて正月も無事で済んだ。京都にいるうちはしきりに平岡円四郎を尋問して一橋公の朝廷を奉戴《ほうたい》せらるる有り様から諸藩に対する交際の振合、また、攘夷鎖港の問題は幕府が朝旨を奉じてなし遂げる決意であるか、などということを聞き合わせることに汲々《きゅうきゅう》としていたうちに、不測《はからず》一つの珍事が生じてきました。

さてその珍事というのは、二月初旬〔元治元年・1864〕の事であったが、尾高長七郎の手紙が江戸から届いた一件であります。今その一件を話する前に自分から両人がそのころの境涯を微しばかり述べておかんければならぬことがあります。

それはほかの事ではない、先ごろ京都へ来てから後に始終滞留していたところは三条《さんじょう》小橋《こばし》脇の茶屋久四郎の家で、すなわち茶久という上等の旅籠屋《はたご》でありました。最初は上等の旅籠で泊まったけれども、伊勢参宮をするについてそれまでの旅籠代をまず一回勘定してみると、めっきり懐中がさびしくなった。

そこで自分は喜作に相談して、この姿ではお互いに一身の斃《たお》れるまで生活の維持が出来そうもないから、ここで一つ旅宿に掛け合って今少し安価で止宿《ししゅく》の出来るようにせざなるまいといって、やがて主人を呼んで、食事はなんでもよいからちっと安く泊る工夫はないかといったら、とうとう、食事は朝晩二度と定めて昼飯は食わぬはずで、一日一人の旅籠代を四百文に負けようということになった。

この四百文は今からみるとやすいけれども、その時分にはこれでも上等のお客であった。普通の旅籠は概して二百五十文くらいのところへ四百文だから決してまだ窮迫の場合とはいわれぬのだが、しかしかように永滞留するつもりなら最初から下宿屋に投ずれば便利であったものを、なにぶん新前《しんまえ》の書生だからその辺の勘定などはとんと心づきがなかったのであります。

かつての同志たちは牢獄に

さて江戸から到着した手紙は何事であろうと取る手も遅く思われたが、いわゆる一読愕然《がくぜん》、げに思いも寄らぬ大変でありました。

その仔細というは、長七郎が中村三平と福田滋助の両人を連れて江戸へ出る途中において、何か事の間違いから捕縛せられてついに入牢《じゅろう》したという一件で、その獄中から出した書状であるから、これを見た両人は互いに顔を見合わせたばかりで、しばらくは一言もなかった。

じつはその遭難〔災難に出あうこと〕の前に両人から長七郎へ書状を送って、京都は有志の人も多いから貴兄も京都へ来てともどもに尽力するがよい、かねて見込んだとおり幕府は攘夷鎖港の談判のために潰れるに違いない、我々が国家のために力を尽くすのはこの秋《とき》であるから、それには京都へ来ている方がよかろうという趣意を申してやったが、長七郎はその手紙を懐中しながら縛られた、ということが来状の中に書いてある。

そこでその晩に両人はなおまた来状を再三再四繰り返して読んでみたが、杖《つえ》とも柱とも頼む大切の尾高、また死生存亡を共にしようと誓った中村、福田、いずれも伝馬町《てんまちょう》の牢獄に繋《つな》がれて生命も覚束《おぼつか》ない、こうなることであったなら、むしろ当初の計画どおり十一月に事を挙げた方がかえって縲紲の辱めを見ることはなかったであろうなどと、愚痴と悲憤とで両人ともに詞《ことば》もなく、手紙を見ては扼腕切歯《やくわんせっし》〔腕を握りしめ歯ぎしりする。非常にくやしがるさま〕するばかりで、狭い量見ならば腹でも切るより外に仕方がないというまでに分別が迫った。すると同姓の喜作は発言して、

「明日すぐに出立して江戸へ帰ろう、長七郎の一行をいささかの間違いから縛るなどとは不埒《ふらち》千万な幕吏である」

といって威張ったが、自分はこれを熟考して、

「ともかくも八百万石を領している幕府だから、不埒だといって一人や二人威張っても仕方がない、よしまた今から両人が江戸へ下ったところが、万一誤って長七郎と同じく縛られでもしたならば、もはや誰一人不埒だといってくれるものもないから、そんな事は出来ない。さてどうしたらよかろう」

と思案に余って、こういう工夫はと一人がいえば、いやそれは危険《あぶな》いという。

それよりはこうしようとまた一人が立案すれば、いやそれはいけぬというのでなかなか相談が纏《まと》まらぬ。果ては長七郎を救うよりも、前にいう書状の関係から両人の身も明日にも捕縛の掛念があるから、いっそ長州の多賀屋勇《たがやいさむ》でも頼っていこうか、あの男はかつて江戸でもまた自分の故郷へ遊歴してきた時にも一、二回の面識もあるから都合がよかろう。いや長州といっても多賀屋はどこにいるかもしれぬ。

その生死すら分明でない人を便りにはるばる長州へ出奔《しゅっぽん》したからといって、容易に国境の内へ入れることさえ覚束ない。怪しい奴だ、幕府の廻しものだから首を切れ、というかもしれない。して見ればこれも上策とはいわれぬ。さていかにしたらよかろうと進退じつに谷《きわ》まった。

いまこの席で話すと一つの笑い話だけれども、その時の苦心というものは身にしみてなかなか高崎の城を乗っ取ろうといった時の威勢とは雲泥の相違でありました。

その訳は全体暴挙などというものは、過激な事柄であるが、つまり事が成就せんで失敗した

ところが死ぬまでのことである、そのころは死ぬことを一つの楽しみとして、芝居でも見るのと似たもののように考えていたが、今度の事はそれと違って、十分頼みに思っていた親友知己が縛られて現在獄中に呻吟《しんぎん》している、その間違いの原因は何事であるか詳《つまび》らかに分からぬけれども、我々から送った手紙が一旦幕吏の手に入ったという日には、なおその悪《にく》みを深くする道理にて、我々においても端的連累嫌疑を免れることは出来ない場合だから、じつに胸中は双方の心配で埋められて、その晩はとうとう思案に一夜を明かしました。

平岡との問答

翌朝になってみると、平岡のところから手紙が来た。ちょっと相談したい事があるからすぐに来てくれということが書いてある。

「何事の相談か知れぬがまず行ってこよう」

といって両人して平岡のところへ出掛けていった。行ってみると、平岡は平生とかわってことさらに別席に通して、

「少し足下らに話してみたい事があって呼んだのだが、これまで江戸で何か計画した事があるなら包まずに語れ」

という。卒爾《そつじ》〔突然〕の尋ねだから、両人は

「いや何も別に計画した事はござらぬ」

といったら、平岡はさらに口を開いて
「けれどもなんぞ仔細があるであろう、外の事でもないが、足下らの事について幕府から一橋へ懸合《かけあい》〔談判。問合せ〕が来た、僕も足下らとは別段に懇意の間であり足下らの気質も十分知っているから、必ず悪くは計らわぬ、何事も包まずに話をしてくれ」

といいました。元この平岡は幕吏中の志士で、我々が頼みに思っていた人であるから、この人ならば別に包み隠すには及ばぬと思って、両人さらに語を続けて、

「左様仰れば私ども少し心に当たることがあります。私どもの親友中で両三人の者が何か罪科を犯して、幕府の手に捕らわれて獄に繋がれたという手紙を昨夜得ました」

（平）「それはどういうすじの友達であるか」

（両人）「その友達と申すのは我々と志を共にして、攘夷鎖港の主義を抱持している男で、その中の一人は撃剣の師匠を致す者で栄次郎の妻の兄に当たる男であります」

（平）「しかしそれだけではあるまい、何か外に仔細があるのではないか」

（両人）「いや別に何もござりませぬが、その男のところへ両人から手紙を送った事がござります。その手紙を懐中していて縛られたと申してきましたから、ただいま仰せの幕府から一橋家へ照合ということは多分それらに関係した事と考えます」

（平）「その手紙にはどんな事が書いてあったか」

（両人）「その手紙にはすこぶる幕府の嫌疑になるような事も書いたように覚えています。元来私どもは幕府が政《まつりごと》を失っているから、ただいまの幕政で天下を支配する間は到底日本国が行き立つ見込みはないというところから、早くこれを顚覆《てんぷく》せんければ御国の衰微を増長させるに違いないという持論でありますから、その持論の意味を書いて送りました。これは幕府に対しては最も禁物の手紙であろうと心得ます」

（平）「それではそんな事であろう、しかし慷慨家などいうものは一身上の挙動がずいぶん荒々しいものだが、足下らはまさかに人を殺して人の財物を取ったことなどはあるまいが、もしあったならあったと謂ってくれ、あることをないと思っていては困るから」

と、いかにも淡泊の尋ねだから、

（両人）「いやそれは決してござりませぬ。なるほど殺そうと思ったことはたびたびござりました、されどもあいにくとまだ殺す機会に出会いませぬ、もっとも怨《うら》みについて人を殺すとかまたは物を取るために人を殺そうと思ったことなどは毛頭ござりませぬ、ただ義のために殺そうとか、あるいは彼は奸物《かんぶつ》〔悪知恵のはたらく心のまがった人〕だ、捨て置けぬなどという考えは致したこともありますが、それもまだ手を下したことはありませぬ」

（平）「しからば慥《たし》かになかろうか」

（両人）「決してござりませぬ」

（平）「それならそれでよろしい」

一橋家家来の勧め

この問答が済んでから平岡はさらに言を発して、

「それでその事の仔細は明白に分かったが、足下らはこれからどうするつもりだ」

というから、両人は
「どうするといってじつは思案に尽きております。元来貴君《あなた》を頼みに御家来分になって京都まで来は来ましたが、もとより一橋家に仕官の望みがあって来たのではありませぬ、一書生の軀《み》〔からだ〕をもって天下の事を憂慮するというのもおこがましいが、かく故郷を離れて心からの浪々《ろうろう》〔さまよい歩く。浪人〕をするのも、何か国家に尽くす機会があったなら、ただいまにも一命を捨てることはいささか厭《いと》いませぬが、なにぶんこれぞという目的もないところへ、不幸にも志を合わせて死生を共にしようと約束した者が江戸で捕縛され、いまさら郷里へ帰ることも出来ず、ほとんど進退に窮しました」

(平)「なるほどそうであろう、察し入る。ついてはこの際足下らは志を変じ節を屈して、一橋の家来になってはどうだ。

ずいぶんこの一橋という家は諸藩と違っていわゆる御賄料《おまかないりょう》で暮らしを立てている、いわば御寄人《およりうど》〔公人〕同様な御身柄で、おもだった役人とても皆幕府からの附人《つけびと》で、かくいう拙者も小身ながら幕府の人、近ごろ一橋家へ附けられたような訳であるから、人を抱えるの、浪士を雇うということはずいぶんむつかしい話だけれども、もし足下らが当家へ仕官しようと思うならば、平生の志が面白いから拙者は十分に心配〔世話をする〕してみようと思うがどうだ、もちろん差し向き〔さしあたり〕よい位地を望んでもそれは決して出来ぬ。

いずれ当分は下士軽輩《かしけいはい》で辛抱する考えでいなければならぬ。足下らが今日いたずらに国家のためだといって一命を抛《なげう》ったところが、真に国家のためになる訳でもあるまい。足下らもかねて聞いているであろうが、この一橋の君公というは、いわゆる有為《ゆうい》〔能力がある〕の君であるから、たとえ幕府が悪いといっても一橋はまたおのずから少し差別〔違い〕もあることだから、この前途有為の君公に仕えるのなら草履取《ぞうりと》りをしてもいささか志を慰むるところがあろうじゃないか。節を屈して仕うる気があるなら拙者あくまで尽力して周旋しよう」

(両人)「だんだんご親切のお諭し、じつに感佩《かんぱい》の至りであります。お見かけどおり素寒貧《すかんぴん》〔とても貧乏で何も持っていないこと〕の一書生ではありますが、いやしくも出処進退に関係のある事で、ただいま軽率にご返答もしかねますから、なおとくと相談のうえで否応《いやおう》のお請けを致すことに願います」

といってその日は分かれて帰宿しました。

両人は宿に帰ってすぐに相談を始めた。喜作がまず発言して、

(喜)「これまで幕府を潰すということを目的に奔走しながら、今日になってその支流の一橋

に仕官するということになれば、とうとう活路が尽きて糊口《ここう》〔生計をたてること〕の工夫を設けたと謂われるであろう。また人の知る知らぬはしばらく措《お》いて我が心に愧《は》ずる訳ではないか」

（栄）「なるほどそのとおりに違いない。だがもう一歩を進めて考えてみると、外によい工夫もない、首を縊《くく》って死んだところが妙でもない、我々は高山彦九郎《たかやまひこくろう》や蒲生君平《がもうくんぺい》のように気節のみ高くて現在に功能のない行為で一身を終わるのは感心が出来ない。なるほど潔いという褒辞《ほうじ》は下るであろうけれども、世の中に対して少しも利益がない、たとえ志ある人だといわれても、世のために効がなくばなんにもならぬ。

まごまごしていれば縛られて獄屋に繋がれる虞《おそれ》もあり、第一すぐに生活に困る、いよいよ生活に困ればついに大行《たいこう》は細瑾《さいきん》を顧みず〔大事業を成就しようとする者はささいなことにはこだわらない〕という理窟をつけて、人に寄食したり、または人の物を奪うような悪徒になるより外に仕方がない。

じつはこの際よい便宜があるなら薩摩か長州へ行くが上分別だけれども、差し当たり一身を託すほどの親友知己《ちき》もないことだからこれも仕方がない。たとえ今日卑屈と謂われても糊口のために節を枉《ま》げたと謂われても、それから先は自身の行為をもって赤心《せきしん》〔いつわりのない心〕を表白〔表明〕するという意念を堅めておいて、まずこの焦眉《しょうび》〔切迫した状況〕の場合だ、試みに一橋家へ奉公と出掛けてみようじゃないか」

（喜）「いやなんでも江戸へ帰る。帰って獄に下った人々を引き出さんければならぬ」

（栄）「たとえ引き出そうと思っても、我々がいっておいそれと出せるくらいなら、幕吏も始めから牢に入れやしない。その友人を救い出すうえについても、今ここで我々が一橋家へ仕えたら、目下の寒酸《かんさん》〔貧しく苦しい〕浪人と違って、軽士賤吏《けいしせんり》ながらも表面上においては一橋家の士という立派な身分が出来る。

そうなれば幕府の嫌疑もおのずから消滅してその辺からしてあるいは救い出す方便が生ずるかもしれぬ。この際になってあえて一身の安楽を謀る次第ではないが、今日目前の急に処するには、一橋家へ仕官の一案はずいぶん一挙両得の上策であろうと思われる」

（喜）「如何《いか》さま〔いかにも〕左様いえばそういう道理もある。しからば節を屈して一橋に仕えることにしよう」

士官になる決意をする

さて仕官論もようやく決議したから、両人はさらに相談して、

「痩《や》せ我慢《がまん》が強いようだけれども、いまさら食うことが出来ませぬ、居所がありませぬから御召抱えを願いますというのは残念だから、一と理窟をつけて志願しようじゃないか」

「それはよかろう、それでは明日はこういう話にしよう」

と相談して、翌朝また両人で平岡のところへ往って、さていうには、

「昨日だんだんのご教示につきまして、両人ともとくと相談を致しましたが、御沙汰《ごさた》どおり私どもは窮途に彷徨《ほうこう》していますもの、しかるに今般仕官の周旋をしてやろうという御沙汰は、じつに存じも寄らぬ御好意であります。

しかしながら我々両人は、農民風情から成り立った人間でありますが一個の志士をもって自ら任じています。それゆえ、義によって捨てる命なら鴻毛《こうもう》よりも軽い、事あるの日には水火の中も厭わぬという気節を磨励《まれい》していながら、この窮阨《きゅうやく》〔生活に行きづまる〕の極点に陥ったからと申して初志を翻して食禄《しょくろく》を希《こいねが》うということははなはだ好みませぬ。

さりながらもし一橋公において当世に志あるものを召し抱えて、そうしてもし一朝天下に事のあった時にはその志士を任用して、御現在の禁裏《きんり》守衛総督〔京都の治安を維持する役職〕の職掌を御尽くしなされたいという御思《おぼ》し召しのある訳ならば、我々はたとえ鎗《やり》持でも草履取でも、その役目の高下は毫《ごう》も厭いませぬ。

もしまたこれに反対の御趣意なら、恐れながらいかよう立派な官職に任ぜられましても、甘んじて御奉公は出来ませぬ。果して前段の御趣意であるならば、私ども両人においてもいささか愚説もありますからそれを建言〔上位者に対して意見を申し立てること〕致したうえで御召抱えということにして戴《いただ》きたいものであります」

といったところが、平岡は、

「それは至極面白い、なんなりとも見込書を出すがよい」

といわれたから、あらかじめ懐中していた意見書を平岡に渡しました。今はその草稿も散逸したが、見込みの要領というは、つまり国家有事の時に方《あた》り、御三卿《ごさんきょう》〔江戸幕府八代将軍徳川吉宗の子孫から分立した田安徳川家、一橋徳川家、清水徳川家の三家を指す〕の御身をもって京都の守衛総督に任ぜられ給いしはじつに古今未曾有《みぞう》の御盛事ながら、申さば非常の時勢がこの非常の御任命を生み出しし次第なれば、この御大任を全うせらるるにはまた非常の御英断なくては相成らざること、そうしてその英断を希望するの第一着は人才登用の道を開いて天下の人物を幕下に網羅し、おのおのその才に任ずるを急務とする、云々《うんぬん》の大意であったように記憶しています。

平岡はその書付を一読して、

「よろしい、しからばこれをご覧に入れるように致そう」

といったから、両人はまた平岡に向かって、

「さてもう一つお願いがあります、いよいよ前陣の趣意で御召抱えになることなら、これまでの先例にあるかないか知れませぬが一度君公に拝謁を仰せ付けられまして、たとえ丁寧な御意《ぎょい》がなくとも一言直《じか》に申し上げて、後に御召抱えを願いたい」

といったら、

（平）「否、それは例がないからむつかしい」

（両人）「例の有無を仰るなら農民を直に御召抱えになる例もありますまい」

（平）「否そんなに理窟をいったとて左様は往かぬ」

（両人）「それが往かぬと仰る日には私どもはこのままにて死ぬとも生きるともこの御奉公は御免を蒙るより外に仕方がありませぬ」

（平）「どうも困った強情をいったものだ、まずともかくも評議をしてみよう」

一橋慶喜に申しあげる

この問答がすんで一日二日たつと、平岡の話に、

「どうか拝謁の工夫がついたようだ、しかし見ず知らずの者に拝謁を許す訳にはゆかぬから、一度遠見なりとも彼が何某《なにがし》でござると御見掛けになるような工夫をせんければならぬ。ところが元々家来でないからよい都合がないが、両三日中に松ケ崎《まつがさき》へ御乗切り〔馬の遠乗り〕があるから、その途中へ出ていて御見掛けになる工夫をするがよい。けれどもそれには乗馬だから、駆けんければならぬ」

ということであった。これには自分も大いに困却した。

なぜというに、自分の身体はそのころから肥満しており、ことに脊《せい》も低いから、駆けあるくことは極めて難義であった。されどもその当日は一橋公の御馬が見えるとすぐに下加茂《しもがも》辺から山鼻《やまばな》まで行程十町あまりのところを一生懸命でひたばしりに駆けて御供をしたことでありました。

その後一両日たって内御目見《ないおめみえ》を仰せ付けられたから、その時には前の建言の趣意をもって無遠慮にお話し申し上げた。その趣意は、

「君公には賢明なる水戸烈公〔徳川斉昭〕の御子にましまして、ことに御三卿の貴い御身をもってこの京都守衛総督という要職に御就任遊ばされたうえは、恐れながらいかにも深遠の御思し召しがあらせられての事と存じます。今日は幕府の命脈もすでに滅絶したと申し上げてもよい有り様であります。

ゆえに今なまじいに幕府の潰れるのを御弥縫《びほう》〔一時的にとりつくろうこと〕なされようと思召すときは、一橋の御家もまたもろともに潰れますから、真に御宗家を存せんと思召すならば、遠く離れて助けるより外に計策はないと考えます。

それゆえ君公には天下の志士を徐々に幕下《ばっか》に御集め遊ばすことに御注意が願わしゅう存じます。およそ政府の紀綱〔国家をおさめる上で根本となる制度や規則〕が弛《ゆる》んであまねく号令も行われぬというような天下多事の時にあたっては、天下を治めようとする人もあり、また天下を乱そうとする人もありましょうが、その天下を乱す人こそはすなわち他日天下を治める人でありますから、よくよく天下を乱すほどの力量ある人物をことごとく御館《おやかた》に集めたならば、他に乱すものがなくなって治めるものが出ます。いわゆる英雄が天下を掌《たなごころ》に回《めぐ》らすというはここであろうと考えます。これらの辺に御深慮がなくばこの要職に御任じ遊ばす甲斐もないことと存じます。

しかしながら以上申し上げたとおり、天下の有志輩が往々御館に集って、姑息《こそく》〔その場しのぎ〕の旧弊〔古い慣習や制度による弊害〕もしだいに改まり諸事快活の御取り扱い振りが行わるるという場合になりまするると、幕府の嫌疑は目前の事で、つまるところは一橋征討などいう論も出るのでありましょう。万々一そうなった時には、やむをえず兵力をもって抵抗するも差し支えはありますまい。申さば天武大友《てんむおおとも》の乱〔壬申《じんしん》の乱〕のようなもので、あえて好む事ではございませぬが、社稷《しゃしょく》〔国家〕の重きには替えられぬと存じます。畢竟《ひっきょう》〔つまるところ〕幕府を潰すのは徳川家を中興〔一度衰えていたものを復興させること〕する基であります。

よくよく熟考してみればこのことは全く道理に当たるということが理会《りかい》〔物事の道理を悟る〕し得らるるようになります」

と腹蔵〔本心を隠すこと〕なく申し上げたところが、一橋公はただふんふんと聞いておらるるだけで、一言の御意もなかったけれども、自分の考えたところではやゝこの建言に注意して御聴取になったように思った。

奉公生活がはじまる

この拝謁も首尾よく済んで、初めて一橋家に奉公したのは、明瞭には記憶せぬが二月の十二、三日ころかと覚えています。その時に召し出された身分は奥口番《おくぐちばん》という役名で、奥の口の番人であった。

さて奥口番に同役があるからといって、掛かりの役人が両人を連れてその詰所までいった。いってみるとその詰所というのは、畳がすっかり切れていて、蚤《のみ》と藪蚊《やぶか》の外はいることの出来ぬと思うばかり誠に不潔のところであった。

そこに老耄したと見えるほどの老人が二人詰めていて、これが同役であるというから、両人とも礼儀も作法も知らぬ書生だによってなんの頓着もなくいきなり坐《すわ》って挨拶をすると、その老耄先生が自分を咎《とが》めて、

「足下は御心得がござらぬか、そこに坐ってはなりませぬ」

というのは、畳の目が筆頭の人より上になっているからの事で、第一番に御小言を頂戴《ちょうだい》した。

その時に自分は、こんな畳の目の分からぬような詰所に一級半級の差別があるというは、さてさて馬鹿な事だと思ったけれども、

「なにぶん様子を知らぬから大きに失礼をしました」

と詫びをしました。

さてこの奥口番というは、両人の身分に属する役名で、そのころ一橋家には御用談所《ごようだんしょ》というものが出来ていて、ちょうど諸藩でいう留守居役所のようなものであったが、両人ながらその御用談所下役《したやく》に出役を命ぜられて、辛くも奥口の詰番を免れたのは誠に幸福であった。

それから御用談所の脇の一室を借りて両人ともそこに同居することになりました。両人がそ

の時の俸禄〔給与〕というはわずかに四石二人扶持《ぶち》の御宛行《あてがい》で、外に京都滞在中の月手当が金四両一分であった。これが自分の給金の貰《もら》い始めであります。

じつは仕官の身というのも何か気恥ずかしい訳だけれども、そうなってみるとまた相応な慾望もうぬぼれも出るからしたがって楽しみも生じてくる訳だが、初進のうちは別して謙遜して勉強せんければならぬという考えで、両人申し合わせて昼夜精勤しました。

倹約して借金を返す

さてここでちょっと活計上の話を致しましょう。

自分が家を出るとき父から恵まれた百両の金は、江戸で使い、道中で使い、また伊勢参宮で使い、京都滞在中二箇月あまりの旅籠代を払いなどしてこの歳の二月ころからはほとんど貯《たくわ》えが尽き果てたから、一橋家に勤仕している一、二の知人からあるいは三両あるいは五両と借り入れて、つまり両人で二十五両ほどの借財が出来ました。

しかるにこたびはじめて四石二人扶持、月俸四両一分の身分になったから、あくまで節倹にしてこの借財を払わんければならぬと考えて、月々に請け取る四両一分の金を大切にして、無益の事には一銭たりとも使用せずにおきました。

借用した一室というのは八畳二間に勝手のついた長屋だから、もとより存分の暮らしをすることは出来ない、朝夕の食事も汁の実や沢庵《たくあん》を自分で買い出しにいって、時々竹の包みに牛肉などを買ってきた、それが最上の奢《おご》りであった。また、飯の炊き方もその時に覚えたが、始めのうちは粥《かゆ》のようなものが出来るかと思うと、またその次は硬い飯が出来て両人でいつも苦情があったが、だんだんに慣れてみると全く釜をかけて研ぎ上げた米を仕かけ、その米の上にそっと手を置いて少し水の乗るくらいにすればよい工合に出来るということを覚えた。それから味《み》噌《そ》汁を擂《す》ることは以前から知っていたから、自身で豆腐汁または菜の汁などを拵えたこともあった。

また、京都では夜具というものがなくて蒲団《ふとん》ばかりだから、二人でめいめいに借りるのは費用が増すといって、蒲団三枚を借りてその中に二人が背中合わせになって寝るような始末でありました。

そのうちにただいま申した二十五両の借金を返さんければならぬことであったが、かねて両人とも、故郷から金を取り寄せるということは死んでもなすまじと誓約してあるから、ぜひとも月手当の四両一分の中から返すより仕方がない、けれども四両一分の中を節約して二十五両を返そうというのは、じつに容易な事でないから、非常の大節倹を実行してとうとう四、五箇月の間にこの借金を返してしまいました。

砲台御用掛の門下へ

前に申した御用談所の上役というのは、一橋家の用人物頭《ようにんものがしら》または目附などの中で外交の事務を司《つかさ》どる人々であって、御用談所はすなわちその人々の集会所であります。

この役所で取り扱う事柄の重なるものは、禁裏〔皇居〕御所に対する接待向《むき》から、堂上《どうじょう》〔公家〕との交際、諸藩の引合等の事であるから、下役の賤《いや》しい身分ではあるが両人においてはやや枢要の立場にいるような心持ちがしました。

やがて春暖のころになると、諸藩士がおいおい京都に集って来て、中にも有志慷慨家などと唱うる人々はしきりに攘夷鎖港を唱えるところから、ついに摂海防禦《せっかいぼうぎょ》という一問題が起こってきた。

これは兵庫開港の論よりして、もし外国と戦争をする時には大阪の海防が必要であるという訳であったのであります。そのころ、薩摩の家来で折田要蔵《おりたようぞう》（今は年秀《としひで》といって湊川《みなとがわ》の神主である）という人が築城学に長ずるということでついに幕府から百人扶持を給して摂海防禦砲台築造御用掛ということを命ぜられました。

全体この折田という人は、今日から見ればさまでの兵学者でもないが、そのころは大言を吐くことが上手で、そのうえ弁舌に巧みであるところから、完全な築城学者と見做されてこの命も下ったのでありましょう。

これより以前に大阪開市という事について堂上にもいろいろの説があって、島津《しまづ》三郎《さぶろう》〔久《ひさ》光《みつ》〕も上京して建議したとのことでありましたが、彼の摂海防禦の問題となって、ある日の事、二条の城へ折田を召されて、一橋公を始めとして幕府の板倉《いたくら》〔勝静《かつきよ》〕閣老その他の諸有司に至るまで打ち揃って折田の意見を聴聞せられた事があった。

その時には折田は独り摂海防禦の事ばかりでなく、天下到るところ、必要の港湾はことごとく取り調べておいたものと見えて、江戸湾はしかじか、大阪の海はかくかく、どことどことは船の数がどのくらい、どこからどこへの距離はちょうど大砲の着発に適当であるなどということまで懸河《けんが》の弁〔つまることなく流れるような弁舌〕を振って説き立てて、そうして摂海防禦の必要は安治川《あじかわ》口、天保山《てんぽうざん》、またこれに対する島屋新田《しまやしんでん》はもちろん、木津川《きづがわ》口にも数箇所の要所があって、都合十五箇所ばかり台場を築かんければならぬということを建言したそうであるが、その中にはずいぶん出放題《でほうだい》の大法螺《おおぼら》もあったでありましょう。しかし身元が当時有力の薩摩藩士であって、時の急務を都合よく演説したから、幕府でもついに百人扶持を給して御台場築造掛という名義で、大阪にいて砲台を築く指図をすることになったのであります。

その時自分が考えたところでは、なんでも幕府の失政を機会にして天下に事を起こさんとするものは、長か薩かの二藩であると思った。しかしこれらの事は直接にたびたび君公へ言上することも出来ないから、平岡円四郎へ忠告して、

「薩藩の挙動に注目せねばならぬ、これを知らんければ京都を警衛することは出来ませぬ」

と申し入れたところが、平岡も至極同感で、自分に内話するには、

「今度折田要蔵が砲台御用掛で大阪へ行くことになったが、なんとか伝手《つて》を求めて折田の弟子になって、薩摩人の内幕に這入る工夫はあるまいか、それが出来たら面白かろう」

というから、

「それは至極面白い、私が一番やってみましょう、それにはこういう懇意もあるから、私の心から出たようにして、修学のために塾生にしてくれろと申し込んだら必ず否とは申しますまい、一橋家から頼む時にはかえって鄭重《ていちょう》〔丁重〕になって嫌疑の種子となるかも測られぬから、むしろ内弟子になりたいということにしたら、事情を探るには極めて都合がよかろうと考えます」

「しからば頼む」

「よろしい、かしこまりました」

というもので、今の川村正平《かわむらしょうへい》氏（そのころは恵十郎《えじゅうろう》といった）の友人に小田井蔵太《おたいくらた》という人があって、折田とは別懇〔特に親しいこと〕であったから、その人から折田に頼んで、築城修行のために内弟子になりたいと謂わせると、同時に一橋家からもまた彼は当家の家来だから掛念なく教授をしてくれと一言の声掛かりをしてもらって、いよいよ折田の塾生になって大阪へ下って、それが四月の初めで、自分がようやく奉公住《ずみ》をしてから二箇月ばかりたった時のことである。

もとよりこの折田とても、規則立った学問があるではなし、ことに台場築造などというは実地の事業であるからその稽古というものも順序のある稽古ではない。ただわずかに下絵図を作れとか書類を謄写〔書き写すこと〕しろとかいうことばかりで、自分は図を引く稽古などはこれまでかつてしたことがないから、墨色に濃淡が出来たり線が屈曲したりして思うようには引けなかった。

しかし塾に這入った以上は仕方がない、書類の写しものはやや出来たけれども絵図は反古《ほご》〔書き損じて不要になった紙〕ばかり拵《こしら》えるから、毎度叱られて閉口しましたが、それでもようやくの事で粗末の図が出来るようになってきた。全体この折田という人は、薩摩ではさまで身分のよい人ではないけれども、幕府からの御用というのでにわかにその宿所に紫の幕を張って容体《ようだい》ぶる〔体裁をつくる〕というような風であったが、その従者はすべて純粋の鹿児島言葉であるから、他郷の人にはとんと話が分からぬ。ところで自分はやや鹿児島言葉もまた江戸の言葉も分かるから、他方へ使者の用事などはいつでも折田から自分へ命じて、大阪町奉行所まで行けとか、または勘定奉行に逢って何を打ち合わせてこいとか、または御目附へいってこの事を引き合ってこいとか、いろいろな応接をいいつけられて謹直〔つつしみ深く、正直で真面目なこと〕に働いていたが、それもあまり長い間ではなかった。

わずか四月一ぱいで、五月の八日に京都へ帰ってきた。畢竟この稽古というも内実は間諜《かんちょう》〔スパイ〕のために行ったので、ややその要領を得たによってもうこのくらいでよかろうと平岡へ通ずると、しからば呼び戻そうということで京都へ帰ってきた。ここに一つの笑い話があります。

送別の宴で激怒する

このとき折田要蔵は大阪土佐堀《とさぼり》の松屋という家に下宿していたが、その玄関には紫の幕を張って、そうして看板には摂海防禦台場築造御用掛折田要蔵といかにも筆太に大きな字を書いて掲げていたから、誰でもよく目がついた。

同じ薩藩の連中で常にここへ遊びに来たのは、今の警視総監の三島通庸《みしまみちつね》、前海軍卿の川村《かわむら》純義《すみよし》、日本鉄道会社社長の奈良原繁《ならはらしげる》それから中原直助《なかはらなおすけ》〔猶介〕だの、海江田信義《かいえだのぶよし》、内田正風《うちだまさかぜ》〔政風〕、高崎五六《たかさきごろく》などの人々であったが、そのうちでも最も多く遊びに来たのは川村と三島で、この両人は藩から附属のような役で松屋の隣にやはり下宿を取っていた。

しかるにこの折田はすこぶる容体を飾って立派な様子をする。いわゆる殿様然とする事を好む人であるのに、川村と三島は全くこれと反対で、真率粗豪《しんそつそごう》〔正直で飾らず、あらっぽくたけだけしいこと〕の気質だから、平日の交際も意気相投ずるというようには見えなかった。

そのころ松屋におみきという娘があったが、折田がそれを寵愛《ちょうあい》していたのを川村と三島とはかねてから心悪《にく》く思っていた様子であったが、自分が一橋家から命令があって京都へ帰るという前晩に、川村と三島が来て、送別のために雑魚場《ざこば》の茶屋で酒を飲むから一緒にゆけというから、自分はその趣を折田に話して許可を受けたうえで雑魚場の料理屋へいった。そこで三人鼎《てい》坐《ざ》〔三人が向かい合って座る〕して、飲んだり歌ったりいずれも熟酔のうえ、夜の十一時ころ自分は松屋へ帰ってきた。

その前に三島は席を立って帰ったが、何故先へ帰ったかと思っただけで別に仔細があろうとは思わなかったが、松屋へ帰って折田にただいま帰りましたといってその席をみると、席上は杯盤が微塵《みじん》に打ち割ってあるし、ことに松屋の娘は眉間《みけん》に微傷を受けて鉢巻をして寝ており、折田は茫然として割れた杯盤の間に坐っているから自分も興が覚めて、

「先生、これはいったいどうしたのでありますか」

と尋ねてみると、折田は満面に怒気を含んで、

「今三島が来てこのとおりの乱暴を働いて帰った」

(渋)「いやそれはもっての外の事だが、全体なんの原因で」

(折)「聞けば足下が京都へ帰るについて送別のために酒宴を催したということだな」

(渋)「そのとおりであります。それゆえ先刻先生にお話し申して出ました」

(折)「その離杯に熟酔してきて、三島めがこのとおりの乱暴をしたのは察するにその席上においておれの身の上について讒謗罵詈《ざんぼうばり》を極めたうえの事であろう。さすれば足下とても三島の同類と見做す」

というから、自分は怒った。じつに怒った。ことには酒に酔ってもいたし、なおさら憤激に堪えぬから、折田の顔を睨《にら》み詰めて膝《ひざ》を立て直した。

（渋）「今私を同類と仰るのは先生の推量のみであるか、または三島がそのとおりの事をいいましたか、じつに奇怪千万なことを承ります。

私は先生を師として教授を受けている身分であります。たとえいかような事があろうとも陰で先生を誹謗するというような卑しい心は持ちませぬ。じつに思いも寄らぬ事だ。もし三島がそんなことをいったなら恐らくは自分の挙動を人に藉《か》りていったので、じつに卑怯千万な奴だ。その分には差し置きませぬ、三島をここへ連れてきて刺し殺してしまいます」

といい捨てて、すぐに三島を殺そうという心で追《お》っ取《と》り刀《がたな》で隣の家へ駆け付けて聞いてみると、三島は二階に寝ているというから、いきなり二階へ飛び上がってすでにその寝間へ躍り込もうとする機《はず》みに川村が自分を抱き止めて、

「まず待て、何をするのだ」

というから、

「三島に意趣〔恨み〕がある、連れていって斬り殺すのだ」

と川村と押し合っているところへ、折田から、

「ともかくも一旦松屋へ帰ってくれ」

といってきた。三島は酔って寝たからちっともこの騒ぎを知らない。川村は少しも手を放さぬ。

折田の使いは強いて引き戻そうとする。

やむをえないからそのまま松屋へ帰ってくると、折田は向《む》きの立腹にも似ず、

「誠に失言をしてすまない、足下が立腹するのはもっともの事であるが、前にいった言葉は全くおれが一旦の怒りに乗じて発したので、決して三島がそんな事をいった訳ではない。ただ足下の送別会で三島が酔ってこの乱暴を働いたから、つい疑惑心から出た失言であった。しかし、足下に対しては毫《ごう》も疑念はない。おれは平に今の失言を謝するから納得してくれ」

（渋）「そう先生が仰れば別に強いてかれこれ申す訳はありませぬ。それではもはやいよいよ疑念はござりませぬな」

（折）「いやもう決して疑念はない。そう足下に立腹されて三島と争論しられてはかえって困る」

とあやまり入った様子であったから、

「そんならよろしゅうござります」

といってその事が済みました。

折田についているうちにも、折田から島津三郎へ建言したこと、または西郷隆盛《さいごうたかもり》に意見書を出した事なども探り得たから、内々平岡まで通じたこともありました。

元来一橋公は品《しな》〔人の品格〕によっては折田を召し抱える思し召しでその人物をよく調べてみろということを平岡まで御内命になっていた趣だが、自分が五月の始めに京都へ帰って平岡に面談した時に、

「つくづく折田の人となりを視察したがさまで非凡の人才とは思われぬ、西郷隆盛とは時々文通することもあるが、その言が十分に信ぜられようとは思われぬ。つまり折田は外面の形容ほどには実力のない人と断定するを憚らぬ」

と、自分が日常の挙動言語までにも気をつけて親しく見聞したうえから話をしたところが、平岡はしきりに点頭《うなずき》て、

「それでよく事情が分かった」

といって、大きに下阪中の勤労を褒められました。

江戸へ向かう

それ以前に自分らから平岡に申し述べた事がある。それはすでに我々を御召抱えになる以上は、広く天下の志士を抱えられるがよかろう、ついては関東の友人中にも相当な人物があるから、その人選のために自分らを関東へ差し遣わされたいと請求しておいたことである。平岡も十分にその言を信用して、あまり高禄高官を望まずに一橋家に仕える量見のものがあろうかということを時々尋ねられたから、それは必ずあろうと答えておいた。

それというのも自分らが一橋家に奉公する以上はなるべく同志のものを多人数召し抱えられたいとの望みもあり、また一旦関東へ帰って尾高長七郎を救い出す工夫を運《めぐ》らしたく思う矢先

でもあり、かたがたこの平岡の推問はいわゆる追風に帆というような機会だと思うたから、もし有志輩を御召し抱えになる御詮議《せんぎ》であるならその人選御用はぜひとも私どもに仰せ付けられたいということを頼んでおいた事であったが、大阪出張の留守中にこの有志召し抱えの議も行き届いたものとみえて、ある日の事、平岡が両人への内話には、

「いよいよもって足下らを関東の人選御用としてやりたいと思うが、きっと見込みがあると思うなら使命を果してこい。しかしおよそどういう風にして連れてくるつもりであるか」

との尋ねだから、両人は、

「きっとたしかにとも申されぬが、まず撃剣家あるいは漢学書生などのうちで、共に事を談ずるに足るという、いわゆる慷慨の志気に富みていやしくも貪《むさぼ》る心のないもの、または義のあるところは死を視《み》ること鴻毛のごとしという敢為《かんい》〔物事を思いきって行うこと〕の気魄《きはく》あるものを、合わせて三十人や四十人くらいは連れてくる考えであります」

と返答した。平岡は欣然《きんぜん》〔よろこんでいる様子〕として、

「それは誠によかろう、ずいぶん使い道があるから、早々召し連れてくるがよい」

といわれたから、両人は
「委細かしこまりました」

と請けをして人選御用をいい付けられた。ちょうどそれは五月の末か六月の初めであったと覚えています。

そこで両人は公然と人選御用を蒙って関東へ下ってきた。その目的はまず第一は従前友達にした人などを勧誘してぜひ同行しようという考えと、第二には長七郎らの幽囚《ゆうしゅう》を救う便宜を求めようという私情も伴っていたから、心配の中にもよほど張り合いがあった。

家族と再会する

さて両人は江戸へ着して一橋の館へ出頭し、御用の次第をその筋の役々へ申し述べたうえ、小石川《こいしかわ》の御代官屋敷へいって御領地村々の巡回手続きなどを打ち合わせて、それらの用向きも果てたから、そこで尾高救い出しの一条にかかっていろいろその筋へも頼み込んでみたけれども、尾高の捕縛せられた原因というは、江戸へ出る途中、戸田《とだ》の原《はら》〔埼玉県戸田市〕において誤って行人《こうじん》〔通行人〕を傷つけたところからついに板橋《いたばし》宿で多勢の人に取り巻かれて捕縛されたとの事で、いかにも現行犯の罪人だからちょっとの事ではなかなか行われぬ。

さきに京都にて一橋の御用人黒川嘉兵衛《くろかわかへえ》に内情を話して、江戸にあってそのころ幕府の御《ご》勘定組頭《かんじょうくみがしら》を勤めし小田又蔵《おだまたぞう》という人へ添え書きをもらって、面会のうえでいろいろ相談もしたけれども、容易に救い出す方便にありつくことが出来なかったから、追って時節を待つこととして、これからもっぱら人選御用の方に取り掛かってそれぞれ奔走をしたが、頼みに思ってきた千葉の塾生などは多くは水戸の騒動にいったということで、考えが外れてしまった。

この水戸の騒動というのは、水戸の家中が二つに分かれて書生連とか天狗組《てんぐぐみ》〔天狗党〕とかいう党争の破裂したので、もちろんこれまでにもたびたび兄弟牆《かき》に鬩《せめ》ぐ〔兄弟が垣根の内で喧嘩する意から内輪もめ〕という有り様であったが、こたび水戸家の支族松平大炊頭《まつだいらおおいのかみ》が水戸侯の命を奉じて説諭に下ったところが、ついにかの書生連に擁《よう》されて那珂《なか》の港において切腹する、また天狗組は筑波山《つくばさん》に立て籠って幕府の討手〔軍勢〕と戦争するなどなかなかの騒動であったから、江戸の友人もたいてい四方へ離散してその所在も分からず、また昨年暴挙を企てたときに加担した人々も奮って出掛けようというものは少ないから、まず一橋の領地内を一廻りしてみるとたとえ小禄でもよいから一橋家ならば奉公したいというものが三、四十人ほど出来た。

その外に江戸において撃剣家が八、九人、漢学生が二人あって都合十人ばかりの人が出来たから、その人々を同道して中山道《なかせんどう》から京都へゆこうという相談に極《き》めた。ところで自分の旧領主の陣屋が岡部にあるから中山道をゆくときにはこの岡部を通らねばならぬ。

また故郷へも立ち寄って久々で父母にも面会したいという考えもあったから、尾高惇忠の方へ使いをやって江戸へ出てきてもらいたいといわせたところが、岡部の領主が尾高を捕えて牢内に繋ぐという始末でその面会も出来ず、ことに岡部の陣屋の役人どもは自分ら両人の者を大謀反人のごとく思って悪い奴だと睨んでいるとの事であったから、故郷へ立ち寄ることはまず見合わせにして妻沼《めぬま》というところで父に密会して、九月の初めに右の五十人ばかりの人数を連れて中山道を京都へと志し、深谷宿に一泊した時に、宿根《しゅくね》というところで歌子《うたこ》〔栄一の長女〕がまだ二歳で母に抱かれてきて一見したのをよく覚えている。

その時に岡部の陣屋では渋沢両人は元岡部領の百姓であるから差し留めるということでその手配りをした趣であったが、こちらは一橋の家来というので堂々と槍も持たせれば刀も佩《お》びているから、もし理不尽に差し留めるものがあったら斬り払って通行するという威勢だから、陣屋の前を通行の時も、陣屋の人は別に手出しもせず、ただ岡部の村外れのところへ藩士が両人来て、この御同勢の中に当領分の百姓があるから、何とぞ意見して戻してくれということを同行の人に頼んだところが、その人の答えには、

「お頼みの趣は申し伝えますが、今ここで急に渋沢両人に村方へ帰られては一同が困ります、とうてい出来得ぬ事と思います」

といって別れたくらいのことであった。

平岡円四郎、暗殺される

ただただ自分らが大いに驚愕《きょうがく》歎息〔非常にがっかりしてなげくこと〕を極めたのは、関東滞在中六月十七日の夜、京都表において平岡円四郎が不幸にも水戸藩士のために一橋邸のかたわらで暗殺された一事であります。この凶報の関東へ聞こえたのは六月の末か七月の始めであったが、田舎の旅行中であったから十四、五日も経て初めてその事を承知しました。

自分らが昨年京都に着してから、一橋家へ仕官するについては別して懇切の世話になり、杖とも柱とも頼んでいる人がそういう不慮の災難をうけたことであるから、その凶報を聞いた時にはじつに失望極まった。

せっかく一橋へ足を留めたけれども、いまだ仕官して間もないうちに頼みに思う人が暗殺に逢うて死んだというは、さても心細い不運の境涯であると幾たびか歎息していたが、さりとて空しく止むべきことではない、命ぜられたことはどこまでも果たさなければならぬから、九月の中ごろに集めた人数を引き連れて京都へ上ってみたところが、平岡の死んだ後は黒川嘉兵衛という人が同じ用人で一橋の政事を取っている。この人は平岡の存生中から平岡についで権力のあった人だから、平岡が死んだ後はおもにこの黒川が政事を掌《つかさど》るようになったのであります。

全体一橋家では用人が政務を執ることになっていて、家老というものは幕府の大目附《おおめつけ》とか町奉行とかを勤めた人が老年になって三卿の家老となる例で、中には禁裏附などが転役することもありまたは小普請《こぶしん》から出ることもあるがたいていは老後の勤め場所で、無事一とおりの人が家老になるから申さば家老は床の置物のような姿である。

その次が用人で、用人の人員は総体六人あって、そのうち京都に三人、江戸に三人の割合になっている。その京都詰のおもだったものが平岡で、次が黒川、その他の一人は成田という人でしかも三人の内の筆頭であったが、この人は尋常一とおりの老人だから平岡が一番の全権であった。ところが平岡が不慮の事で死んだからさしずめ黒川が全権になったのであります。

この黒川という人は幕府の御小人目附《おこびとめつけ》からだんだん出精して一橋の用人になった人で、その終わりを全くしないから純良の人ではないというものの、ともかくも下僚から抜擢《ばってき》されたくらいだからちょっと用に足る人には相違ない。

自分らはもとより平岡に引き立てられてその世話で仕官することになったのだから、平岡の死んだ跡へにわかに帰ったところが、まるで黒川を知らぬではないけれどもなんとなく附きの悪いような有り様があった。

しかし黒川も当時の時勢はよほどむつかしいということはよく理会して、事の善悪、人の賢愚ぐらいは見分ける力を具《そな》えているから、自分らが人を集めて京都へ復命〔命令を受けて行った事の経過・結果を命令した人へ報告すること〕した時には厚く待遇してくれて、

「足下らは全く羈旅《きりょ》の臣〔他家で客扱いを受けながら家来になっている人〕で、従来幕府の家来でもなくまた一橋家にも縁故のない人だから、懇意の平岡がこうなったら定めて望みを失ったであろう、しかし及ばずながら拙者もここに職を奉ずる以上は、足下らの志も立つように、使えるだけは使ってやるから必ず力を落とさずに勉強したがよい」

と、はなはだ深切にいってくれたから、いったんは望みを失ったがまた大きに望みを得るような姿になった。

京都で起こっていること

その歳九月の末に微《すこ》しく身分が進んで御徒士《おかち》〔護衛を行う下級武士〕になった。この御徒士というのは奥口番より一級上で、今一級進むときは御目見《おめみえ》以上となるのである。御徒士の食禄〔給与〕は八石二人扶持で、滞京中の月俸が金六両であったと覚えています。この年の冬ごろから、かのやかましい攘夷鎖港の論も少々薄らいでくる。

したがって公武〔朝廷と幕府〕の間の折り合いもよくなって、会津藩が専ら権勢を占めていた。会津は元幕府昵近《じっきん》〔親しい〕の家柄で、その藩風も質朴頑固であったが、このころ在京の藩士中にはずいぶん有力の人もあり、かつまた京都守護職の重任をもっているのでこの地においてはすこぶる有名でありました。

ことに数年来攘夷論で有名な長州藩も、昨年八月ごろ御所九門の警衛を免ぜられて藩士も多く帰国したが、その年の冬、井原主計《いはらかずえ》という国老が伏見《ふしみ》から来て、奉勅始末と名づけた一編の書を禁中へ奉呈してしきりに哀訴歎願したことがあった。

その趣意というのは、さきに長州藩が下《しも》の関《せき》において外国船を砲撃したのは、全く一藩の独断ではなく、あくまで叡慮〔天皇の御意向〕を遵奉して一意に攘夷の実効を奏せんことを期したのである。

しかるに爾来《じらい》〔それ以来〕朝議は曖昧模稜《あいまいもりょう》になって、幕府はもちろん諸藩までが叡慮を悩ませらるるところの攘夷一条を不急の事とし、あまつさえ下の関の砲撃をもって長藩が事を誤りしものと明言するは真に遺憾至極だから、願わくはこの是非曲直《ぜひきょくちょく》を御判決あらせられて真成不変の叡慮を仰ぎたしという意味であったが、ついにその哀願の趣意も御採用にならずにしまった。これをもって長州藩はその後いろいろと謀議を凝らしたとみえて、その翌年、すなわち元《げん》治《じ》元年〔一八六四〕の夏ごろから京都近傍へ藩士が多人数出張してきて所々へ屯集したが、その秋七月十九日の暁に、禁闕《きんけつ》〔皇居〕に向かって発砲してすこぶる暴激の挙動をしたによって、一橋はもちろん、会津、桑名、彦根、薩摩等の諸藩が禁闕を護衛し奉って防戦に尽力したから、ついにこれを攘斥することを得た。自分らは人選御用で関東へ出張の留守であったから、委《くわ》しい模様は知らぬけれどもじつに非常の一大珍事で、長州藩にはもとより夥《おびただ》しい討死があり、味方においても会津藩には最も討死手負《うちじにておい》が多くあった趣でありました。

さてこの暴挙鎮定の後は、薩州《さっしゅう》藩も公武合体の説に力を尽くすという有り様になってきたから、自然と守衛総督の一橋も威勢が増すような姿になって、その周旋方、すなわち御用談所詰の役人などは、各藩の周旋方から尊敬せられたから、交際もだんだん繁多になってきた。もっとも初めのうちは各藩の有志者が出ていてもっぱら交際場裏に周旋の労を取ったことであったが、このごろでは諸藩ともおいおい留守居が周旋方を兼ねるようになって、これらの人々は世にいう交際上手というので、あるいはどこの御門の固めを止めてもらいたいとか、または藩主が上京したから天機伺《てんきうかが》い〔参内し天皇の機嫌をうかがうこと〕の時の心添え〔忠告〕を頼むとかいって、一橋の家来に懇親を求めようというので、いや誰が着京したにつき一夕祇園町《ぎおんまち》へ案内するとか、誰が帰国するから留別の讌《えん》〔宴〕を張るため栂尾《とがのお》へ来てくれとか、あるいは誰がちょっとお目に掛かりたいから一夕どこの宴会に出て下さいとかいう有り様で、この交際が最も盛んに行われてきました。

むごたらしい筑波山事件

この歳十二月の初めにかの常野《じょうや》脱走の水戸浪士が北国筋から西上するという騒ぎで、一橋公にはご自身兵隊を引き連れられて不取敢《とりあえず》まず大津《おおつ》駅へ出陣になったが、おいおいの注進によって浪士どもの挙動もことごとしく知れたから、さらに路を湖西に取って堅田《かたた》、今津《いまづ》を経て海津《かいづ》まで進まれた。

この時に喜作は他の御用で中国辺へ旅行していたように覚えているが、自分はこの出兵の御供に加わって常に黒川に随従して陣中の秘書記を担任していました。

全体この水戸浪士が西上する原因というのは、さきほどその端緒を述べたとおり、藩中党争の破裂から起こったことで、その巨魁《きょかい》〔悪者の首領〕の武田耕雲斎《たけだこううんさい》、藤田小四郎《ふじたこしろう》などという人々は、これまで同藩ながら他の党派とは氷炭相容《ひょうたんあいい》れずという勢いで、常に仇敵のような有り様であった。ところが、この歳の春、武田派の人々に何か暴激の挙動があったのを口実として、他の一党、すなわち書生連の市川《いちかわ》派がしきりに幕府に請願してこれに賊名を負わせて追討するという騒ぎになった。

武田派の天狗組はいずれも鎖攘主義の壮士輩が団結したのであるから、自然幕府が近来の措置に心服することが出来ずに、ついに筑波《つくば》大平《おおひら》の嶮要《けんよう》〔地勢がけわしくて、敵を防ぐのに都合のよい所〕に立て籠って数回幕府の討手を悩ましたけれども、つまるところは衆寡敵せず〔少数では多数にかなわない〕、武田、藤田はその残兵を引率して路を中山道に取って京都に上り、その党の冤《えん》〔無実の罪〕を一橋公に訴えて正邪曲直〔正義か邪悪か、人の道として曲がっているか真っ直ぐであるか〕の判定を乞うという趣旨であった。ゆえにその表面の挙動はともかくも、その衷情《ちゅうじょう》〔嘘偽りのない本当の心〕を察してみれば、憐《あわ》れむべきところが少なからんように思われました。

されども幕府はすでにこれを賊として田沼玄蕃頭《たぬまげんばのかみ》の手で追撃の軍兵を差し向けたから、沿道の諸藩においても皆兵隊を繰り出してこれを防止するという現状になった。

それゆえ一橋公も傍観することは出来ぬ、やむをえず朝廷へ御願いの上、自から軍兵を総督して御出馬になったので、その先鋒《せんぽう》の大将には、そのころ京都に滞在中の水戸の民部公子〔徳川昭武〕が向かわれた。全体この御出馬は、浪士の来路を偵察しておいて途中でこれを鎮圧してしまって決して禁闕の下を騒擾《そうじょう》させないという神算《しんさん》〔巧みなはかりごと〕であった。

ところが公が海津まで進まれた日に浪士どもは越前の今庄《いましょう》で加賀の隊長永原甚七郎《ながはらじんしちろう》という

人の手へ降服の事を申し入れた。永原は早速その処置を一橋公へ伺い出たによって、公はその降人の兵器を取り上げ加賀藩においてこれを警固して、不日《ふじつ》〔すぐ〕更に田沼玄蕃頭の手へ引き渡すべき旨を命ぜられてまずその一段落がついたから、十二月の末に京都へ御帰陣になりました。

さて田沼玄蕃頭は、降服の浪士を加州《かしゅう》藩〔加賀藩〕から受け取ったが、とくとその邪正曲直を審判するでもなく、一概に賊徒という罪名をもって、巨魁の武田・藤田はもちろん、総計百三十人あまりの同勢を敦賀《つるが》港においてことごとく斬罪《ざんざい》に処してしまったが、その時わずかに死を免れて放逐されたものは人夫〔力仕事に従事する労働者〕体の卑賤《ひせん》なものばかりであったとの事だが、ずいぶん酸鼻《さんび》〔むごたらしく、いたましいこと〕な話ではありませんか。

その跡で京都の有志家中には、一橋公として、水戸浪士が軍門に降服したのをすぐに幕府へ引き渡すというは、幕府を畏敬《いけい》するにすぎて人情を酌量せぬ処置であるという評論もあった趣だが、これはただその難きを公《こう》にせしむるというものであろうと考えます。

重役の信頼を勝ち得る

かくてその歳も暮れて明くれば慶応元年〔一八六五〕の正月となったが、前にもいうとおり、昨年から京都の形勢はやや小康を偸《ぬす》む〔むさぼる〕という有り様で、一橋と諸藩との交際はますすます繁雑になってきたが、そのころでは黒川嘉兵衛が用人の筆頭で、御用談所の事務を全権で支配しており、また川村正平は自分らより一級上の身分で、同じく御用談所出役《しゅつやく》であって、常にこの交際上の事に奔走された。

自分らもやはり黒川などの下役だから宴会ごとに必ず随行して、たいてい毎晩のように今夜は筑前《ちくぜん》藩の御馳走《ちそう》、明夕は加州藩の招待、明後夕は彦根の岡本半助《おかもとはんすけ》が木屋町《きやまち》の何亭へ招くとか、その間稀《まれ》には真実国家を憂うる有志輩も出てきて、外国の形勢はどう、政府の職分はかくありたいものだなどと談論する相手がない訳ではないが、多くは杯酒の間に往来して花を評し柳を品するのをこのうえもない快事とするものばかりだから、自分は微しこれを厭うたが、しかしこれらは藩と藩との交際宴会で、もとより自分らが主となる訳ではなく、ただ黒川の随従役で酒の坐敷《ざしき》の御取持をするというまでの事ではあるが、毎夜のように祇園町とか木屋町とかいう場所で酒杯の席に陪《ばい》する〔供をする〕のが職分のようになってきては、自然と浮薄の風に流れやすい虞《おそれ》もあるから、そのころ両人はこの際別して倹素を守って極めて謹直にしようと、堅く約束をしておいたから、いかに緑酒紅灯〔歓楽街〕の歌吹海《かすいかい》〔遊里〕に游泳《ゆうえい》したからといって、自身の催しから遊興などしたことは一度もなく、酒はもとより飲まず婦人にも一切接せぬというすこぶる堅固な覚悟であった。

黒川はもう五十近い年恰好《かっこう》であったが、自分は二十五、六の血気盛んな時分で、諸藩の人のよく遊ぶ中に交じっていて少しも遊情の様子もなく芸者などとは一度も訝《いぶか》しい様子がないところから、どうしてそう出来るかと人にはいわれるようであった。

　自分が二十六の年の正月であったと覚えているが、なんでもごく寒い時分のことであった。例のとおり夜十二時過ぎに鴨東《おうとう》のある家へ黒川に随行してきて、酒宴も散じてもう寝ようということになると、自分がいつも寝る部屋でなく、その晩に限って別室へ案内していくから、伴われて行ってみると臥具《がぐ》〔寝具〕が備わってそこに婦人が一人いるから、はて不思議なことだと思って、これはどういう訳かと仲居に尋ねてみると、

「大夫《たゆう》さんが（黒川を指していうことで一橋の大夫という尊称である）あなたにお気の毒だから、女を一人とりもつとの事でありますとら」

というから、自分は怫然《ふつぜん》〔むっとする〕として怒気を発し、黙って着物を着かえて女どもが大騒ぎして留めるのを振りきって、

「今夜は急に用があって帰らんければならぬから、もし大夫が尋ねたら急用が出来て帰ったとそういってくれ」

といい捨てて、すたすた三条の小橋まで帰って来ると、跡から黒川が
「おいおい」

としきりに呼ぶから待っていると、

「まあ同行しよう」

といって二人連れ立ってぶらぶら歩行《ある》いてきながら黒川のいうには、

「今ごろ一人で足下の小屋へ帰っても困ろうからおれの旅宿に泊まらぬか」

というから、

「それはありがたい」

といって泊まることになると、黒川は真面目になって、

「今夜は誠に失礼した、定めし立腹であろう」

というから、

「否、決して立腹は致しませぬが、両三年の間は心に誓った事がありますから、それゆえ、大夫がせっかくのご厚意を空しくして誠に相すみませぬ」

と挨拶をした、ところが黒川は、

「いやはなはだ恥入った次第であった、どうか人はそうありたいもの、じつにそれでこそ大事が頼める」

といって、大いに感賞しられた事があった。

いつまでも感心されてはいないけれどもこれはもとより瑣細《ささい》な事であるけれども、おのずから黒川始め重役の信用を得て、なるほどこれは堅固で用立つ人だと思われたものと見える。

兵隊をどう集めるか

それから丑年〔慶応元年・一八六五〕の二月ごろに再び役が進んで、すなわち小十人《こじゅうにん》〔将軍警護の親衛隊〕という身分になり、食禄も加増して十七石五人扶持で、月俸が十三両二分となり御目見以上の身になった。これまでは御用談所下役であったが、今度は下役がとれて出役という位置に進んだのであります。

昨年はじめて奉公してから、一年ばかりの間に二級を進められたが、その勤労はなかなかのものであった。

御用談所の方も引き続いて出役を勤めていたが、何一つ効能もなく、諸藩から京都へ出て来る奴も出て来る奴も、皆俗にいう世の中を泳ぐ連中のみで、通常の交際上手の先生ばかりであるから、こんな連中と共に酒を飲んで表面《うわべ》すべりの慷慨談をしたとてなんのためにもならぬから、何か微しく世の中に効能のあるような仕事をせんければ奉公した甲斐はないが、なんとかよい工夫はあるまいかといろいろ考えていたが、一つの趣向が浮かんできた。その趣向というのはこれまで一橋家には兵備というものが少しもない。ただ御床几廻《おしょうぎまわ》りという君公の親兵様の弓馬槍剣に達した壮士が百人ばかりあったけれども、これは戦陣に立って敵中へ進撃するものではなく、ただ君を護衛するの責任を持ったもので、外に御徒士・御小人《おこびと》などという足軽体《あしがるてい》の者もあったが、これも兵士とはみられない。

また御持小筒組《おもちこづつぐみ》というものがあって（すなわちこの席にいる大久保なども当時その一人であった）小銃を撃ち立てて軍《いくさ》をしようという人々で、不完全ながらも歩兵の資格は備わっていたが、これとてもわずかに二小隊ばかりの少数で、ことに訓練素に有りという強みのあるものでない。ことにこの御持小筒組は幕府から附与されたいわば御客《おかく》兵隊というような有り様で、幕府よりの仕向はなるたけ兵力の附かないようにしてあった。

もとより一橋は隠居役であるから別段に兵隊などはいらぬ訳だけれども、今日の御大任、すなわち京都守衛総督の職掌に対してみると、少しの兵備もないというのはずいぶん訝しい話であると思ったから、ある時黒川に向かって、

「守衛という文字は守り衛《まも》るという字訓であるが、いやしくも御当職・御奉命のうえからは、幾分か兵隊がなくては御守衛というは有名無実ではありませぬか。

今日二小隊や三小隊の歩兵では真逆《まさか》の時にはなんの役にも立ちませぬ、そのうえ幕府からの差し向けであるから、向こうの都合でいつでも勝手に取り換えてしまうという姿、ほとんど兵備のない手ぶら同様の有り様であります。これではなかなか京都守衛総督の職任に適《かな》ったこととは謂われますまい」

と論じてみたところが、黒川のいうには、

「なるほどそれははなはだ適切の論である。しかし目下どうとも仕方がないというものは、外

でもない、すなわちこのうえ幕府から兵隊を借りようとするも、すでにこれまでに月々金一万五千両ずつ、その外に米が五千石ずつそのために宛行《あてが》われてあるから、再び借用ということも出来ぬ、ただし金の遣り繰りはつくとするも、兵は人を要するものだによって別に工夫がつかぬ」

との事であるから、自分のいうには、

「しからば私に一工夫があります、御領内の農民を集めて歩兵を組み立てたらずいぶん千人くらいは出来ましょう、お話のように金の工夫がつくものなら、二大隊の兵はたちまち備える事が出来ます」

といったれば、黒川は

「いかにも妙案だけれどもなかなかその人数が容易に集まるものでないが、それには何か目的の立ったことであるか、見込んだ目的のあるならばまずその法案を立ててみるがよい」

といいますから、

「それは必ず見込があります、しかしその委しい手続きは、なんにしろ拝謁を願って御前においてとくと意見を申し上げたいと存じます」

といったら、

「それはよかろう、早速拙者から申し上げよう」

ということになった。

歩兵取立御用掛に命じられる

この拝謁ということはずいぶん尋常の格式からいうと面倒なものであったが、自分はすでに折田の一件から帰ったときに一度、その後にも一両回〔一、二回〕拝謁を願ったことがあって、最初から都合三、四度も御前に出て親しく言上〔目上の人に申し上げること〕したことがあるから、今度もまた両三日〔二、三日〕を経てから拝謁を許されて言上した趣意は、京都御守衛総督の職任を十分に御尽しなさるにはぜひとも兵備が入用である。

兵備を設くるにはまず歩兵隊を編制するが第一である。そうしてその兵員は領分から農民を集めるが一番よい趣向である。

しかしこれを集めるに至っては、深く注意をせねばならぬ。地方役人などがただ役向一とおりで募集したくらいでは、なかなか立派な兵隊を撰ぶことは出来ぬ。それには京都から適任の人にこの募集方を命ぜられて領分内へ派遣のうえ、一般領民を各所に招集してよく今日の時勢を説き含め、募集の趣意を会得させてこの応募は全く領民の義務であると、自ら進んで出るようにせねばならぬ、ということを委しく陳述して、

「さてその御用は不肖《ふしょう》ながら何とぞ私へ仰せ付けらるるように願いたい、いかにも粉骨砕身して必ず相応の人を連れてきて兵備の御設《もう》けが速やかに立ち、各藩を凌駕《りょうが》するような立派な兵隊

の出来ますようにいたします」

と不遠慮に言上した。

しかるところ、この建言が御採用になって、その翌々日、自分が歩兵取立御用掛《ほへいとりたてごようがかり》をいい付けられた。そのころは軍制御用掛というものがあって、黒川がその掛長で、物頭《ものがしら》〔足軽大将〕などにも数人の掛員があった。もちろんこたびの歩兵取立御用掛も同じくこの掛中のものでありました。

右の命を蒙ったのは二月の二十八日あたりであったと覚えている。もっとも自分の考えでは自身も田舎の農民から駆け出すほどの事だから、少し誘導したならば続々望み人があろうと見込みをつけていた。

備中に向かう

元来一橋家の領地というは摂州《せっしゅう》〔摂津〕に一万五千石、泉州《せんしゅう》〔和泉《いずみ》〕に七、八千石、播州《ばんしゅう》〔播《はり》磨《ま》〕に二万石、備中《びっちゅう》に三万二、三千石、すべて八万石、外に二万石は関東にあって合計総高十万石の御賄料であった。

しかるに備中だけの代官所が井原《いばら》村というところにあって、摂泉播の三箇国は大阪の川口《かわぐち》に代官所があった。よって京都の御勘定所から御用状をもってかくかくの訳で歩兵取立御用掛として渋沢篤太夫《とくだゆう》（一橋家へ奉仕の時篤太夫と改称すべき旨申し聞けられて爾後《じご》これを通称とした）を派出するにつき、百事同人の指図に従うべしとの通知になって、自分はその時に今日は仙石原《せんごくばら》にいる須永《すなが》を下役に伴《つ》れてまず大阪の代官所へいって代官に面会して御用の要領を申し述べると、大阪の連中は如才ないから、

「至極大切の御用とは万々承知致しております、しかしながらまず備中の方を前になすったらよかろう、備中の方が出来さえすれば摂泉播は容易に出来ます」

と、いかにも安々出来そうに代官始めおもだった掛官らがいうから、これは備中の方さえ出来ればこちらは訳もなく出来ると思って、

「しからば備中から着手しよう」

というて大阪を出立した。もっともおよそ四月中旬ころにも備中の方を仕舞ってきて、摂州の村々から先に手をつけるから、代官所からもその時に

「誰か出張せられよ、いずれ日限《にちげん》〔日時〕はその時々に通知するから」

と、向後〔今後〕の手筈などあらまし打ち合わせて大阪を旅立したのは三月四日ころの事であった。

それから四、五日の旅行で、三月八日ころに備中の井原村へ着した。

その前夜に御領分のおもだった荘屋〔村落の長〕が十人ばかり板倉《いたくら》という宿駅〔街道の要所で、旅人を宿泊させたり、荷物運搬のための人や馬を集めておいた宿場〕まで出迎えに来ていたが、ここは御《ご》

普代《ふだい》大名の板倉侯の城下であるから、宿内では鄭重〔丁重〕の取り扱いをして、市中通行の際などは下におろうという下坐触《げざぶれ》〔江戸時代、貴人の通行のとき先駆けなどが下座しなければならないことを前もって触れ回ること〕までして、我ながらなかなかの威光を増したように思われた。

もっとも京都出立の時に田舎への出役であるから少しは形容も必要だというので、鎗持《やりもち》〔主人の槍を持って供をする従者〕合羽籠《かっぱかご》〔大名行列などで下回りの者が担いだ雨具を納めた籠〕などを持たせて長棒の駕籠《かご》に乗っていくという次第であった。この長棒駕籠というのは、幕府でも目見《めみ》え以上の身分でなくては用ゆることならぬ制度であったが、一橋家でも幕制に倣《なら》って目見え以上の者に乗用を許されていたのである。自分はにわか武士であるからかようなことをするのははなはだ不似合いであったろうと思った。

それからその翌日、御領分の備中の国後月《しつき》郡の井原村に到着して御代官にも面会し、また村々の荘屋にも御趣意の次第を面談して、御領内村々の二男三男にて志あるものは速やかに召し連れて出ろと説諭したところが、御代官などのいうには、

「ともかくも村々の子弟を陣屋まで呼び出して、自分から直接に申し渡す方がよろしかろう」

ということで、日々村民を呼び出し、陣屋の白洲《しらす》へ出て

「さて今般かくかくの訳であるぞ」

と言い聞かせると、附添いの荘屋が

「いずれとくと申し諭しまして御奉公致しますなら、すぐに御請《おうけ》に出ます」

といってがらがらと戸を明けて出て往くという有り様で、毎日毎日このとおりで多人数出ては来るけれども、一人として募《つの》りに応じて兵隊に出ようという者がない。そこで自分の考えるには、どうも不可思議なことだ、おれならば大悦びで願うがどういう訳で志願者がないのであろうと、さらに言葉を丁寧にして反復説諭していうには、

「いったい、各《おのおの》の量見では今日の時勢をなんと心得ているかしらぬが、世の中はいつまでも波風たたぬ泰平無事ではないぞ、今にも軍《いくさ》がどこから始まるまいものでもない、左様なれば己《おのれ》は昔から百姓であると安心してはおられぬぞ、それゆえ血気壮《さか》んな手前どもは今のうちに早く奉公を願って御領主のために働いたならば、うえにも目のあることだから器量しだいに立身功名の出来得る世の中であるから、土臭い百姓で生涯を終わらんよりは一番奮発して出るがよい、かく言うおれも元は百姓であったが、今日の時勢に感じて、ついに一橋公に奉仕してこたびの御用をも命ぜられた次第である」

などと深切に話したりまた厳格に諭したり、手を代え品を代えて感動するようにといろいろ工夫を凝らしたけれども、やはり一人として応ずるものがないから、いよいよもって疑念が生じた。

これには必ず仔細があるに違いないと思ったが、なにぶんその訳が見出せぬ。さればとて京都で立派に請け負うた事柄であるによっていまさら募集が出来ぬといって空手で帰京する訳にも参らず、まあ少し気長に考えていたらそのうちにまた思案も出るであろうと思うて、これよ

り後は村々の呼び出しを止めてしまって、さて村々の荘屋に向かって、

「この近辺に撃剣家はあるまいか、また学者はないか」

と尋ねたら、

「剣術の先生には関根某という人があり、学問では阪谷《さかたに》希八郎《きはちろう》先生がありま す、この阪谷先生は寺戸《てらど》村というところで興譲館《こうじょうかん》という学校を立てて教授をしております」

というから、なるほどかねて噂を聞いていた先生である、それでは早速に阪谷を訪問しようといって、自分が一首の詩を作りそれに酒一樽《たる》を添えて、明日推参〔自分の方から押しかけて行くこと。招かれていないのに訪問することをお詫びの気持ちをこめていう〕するという書面を贈った。

その詩の転結だけ記憶しているが、

紅友《こうゆう》催し来って為めに刺《し》を通し　先ず探る君家《くんか》無限の春〔酒を酌み交わしたく思い、ご挨拶申しあげます。この春盛んなおりに、あなたをお訪《たず》ねいたしましょう〕

という句でありました。

開国か、鎖国か

それから翌日は興譲館を訪うて先生はもちろんおもだった書生らと時事を談じて帰ってきて、その次には阪谷先生と書生とを自分の旅宿に招待して宴会を催したが、その時阪谷先生が開港

論を主張するから自分はこれに反対して、

「ぜひとも攘夷しなければならぬ」

と駁撃《ばくげき》〔非難〕の矢を放って、しきりに開鎖〔開国と鎖国〕の得失を討論した。ところが阪谷先生が
「なんぼ役人でもこの事ばかりは役人外で話をせねばならぬ」

というから、

「もちろんそれが面白い、十分に議論しましょう」

といって互いに城府を開いて〔打ち解けて〕痛飲縦談に時を移し、いわゆる唾壺《だこ》〔たんつぼ〕の拄《くじけ》るをも覚えぬほどで、誠にちかごろの愉快であった。その後また池田丹次郎《いけだたんじろう》という者の宅にいって、彼の関根という撃剣家と手合わせをしてみたが評判ほどの達人でもなく、脆《もろ》くも自分の打つ太刀を受け損じて負けを取ったところから、すぐにそれらの噂が立って、

「このごろ来ている御役人は通常の俗吏《ぞくり》〔つまらない事務などを行う役人〕ではない、学問といい剣術といいなかなかあっぱれの手際である」

と一人が言えば二人が応じてたちまち虚名〔実力以上の評判や名声〕が高くなったから、近傍の村々でやや文武に心がけのある少年子弟などは日々尋ねてきて、学問上の話、剣術の試合などをしたことであったが、ある日のこと、

「この近辺になんぞ面白い事はないか」

と聞いてみると、

「備中には春のうち、鯛網《たいあみ》ということがある」

というから、興譲館の書生または近傍の子弟などを同行してその鯛網に出掛けた。これは海中に網を下げて船で引き寄せてくる仕掛けで、鯛がその網の下を潜れば底なしの網だからいくらも逃げ路はある訳ながら、ただ上の方ばかりへ寄ってくるゆえ皆捕獲しられてしまうので、鯛がたくさんに入った時には海面が赤くなるほど寄ってくる、そこで見物人が酒樽をなげて祝ってやると、やがて漁夫は二、三尾の鯛をもって礼に来る、また価を出して買うにもはなはだ低廉〔値段が安い〕なことである。

自分らの一行はその鯛を料理して酒を飲み、詩を吟《ぎん》じるという愉快を極めたことであった。

荘屋たちへ直談判をする

右らの遊興に五、七日を費やしていると、陣屋元の村で二人、外の村方で二、三人、ぜひ京都へ召し連れられて一橋家へ奉公の出来るように心配を頼むというものが出てきたから、

「それは奇特〔感心〕なことである、望みに任せて伴《つ》れてゆこうが、ただそれだけの口上のみでは都合が悪いによって、その望みの趣をかように書面に認《したた》めてこい」

といって下書きをやると、そのとおりに認めて持ってきたから、これで本望を遂げる見込みが

ついたとやや安心して、その志願書を預かりおいて、さて少し用談があるというてその夜荘屋一同を旅館に呼び寄せ、

「其方《そなた》達にことさらの用談というものは、この間からだんだんと京都の有り様を申し聞けて子弟二、三男を京都へ召し連れ、歩兵に組み立てて、御領主すなわち一橋家の護りとなって御奉公をさせようという趣意でその人も見たりまた丁寧に説諭もしたことであるが、一人も望み人がないというから今日まで日を送ったところが、ここにかような願書を出したものがある。

この人々のうちには総領息子〔長男〕もあり、または二男・三男でおよそ五人ほどである、同じ備中の人でありながらわずかの時日自分に接遇せし人の中から四、五人も志願者があるのに、数十箇村数百人のうちで一人も望み人のないという道理はあるまじきはず、してみるとこれは定めて各方《おのおのがた》を掣肘《せいちゅう》〔そばであれこれと干渉して自由に行動させないこと〕するものがあるゆえ思いながら尽力することが出来ないのであろうと推察するのであるが、万々一そういう意味のあることならば、おれはこれまでの一橋の家来のように普通一般の食禄を貪って無事に安んじている役人と思うと大きな間違いであるぞ、事と品〔事情〕によっては荘屋の十人や十五人を斬り殺すくらいの事はなんとも思わぬから、各方においてもあまりぐずぐずするとそのままには決して差しおかれぬ、おれが看破したところは間違いはない、察するところ陣屋の役人がかれこれ面倒を厭って掣肘しているのであろうが、今の時勢をなんと思うているか。

果してそういうことがあるとすれば、代官であろうが荘屋であろうが毛頭容赦はしない、元

来篤《あつ》く自信して自分からこの募兵の事を建言のうえでこの責任を負うた以上は、成敗共にこの一身をもって当たる所存でいるから、もとよりこの役目については因循姑息〔その場しのぎ〕の処置は決して致さぬ考えである、今このとおり自分の赤心を打ち明けて話したから、各にも包み隠さずにこれまでの機密を陳述したがよい」

と詰めかけて断じてみると、全く推察のとおり相違なかった。そのうちおもだった荘屋の一人が進み出ていうには、

「旦那《だんな》様の御目鑑《おめがね》の高いのでとても包み隠しは出来ないから皆の衆も有体《ありてい》〔ありのまま〕に申し上げるがよい」

と言い出した。すると同席の仲間が口をそろえて、

「どうか貴殿からなにぶんよろしく申し上げて下さい」

と言った。そこで前の一人が、

「じつは誠に恐れ入りました義でござりますが、御代官様が内々私どもに仰るには、『一橋もちかごろはだんだん山師《やまし》〔他人をあざむいて利得をはかる人〕が多くなって困る、現在執政の中の黒川などは、元下賤から成り上がって山師根性からさまざまの事に考えをつけてああいう身分になったのである。

　その本人がこのとおりの人物だからやはり浪人が好きで、従来御家にない事をいろいろ思いついて村々へいろいろ面倒な事を申し越すことであるが、いちいちその申し越す事に服従して

いる時にはつまり領内人民の大難義になるから、なるたけ敬して遠ざけるようにするがよろしい。

今度の歩兵取立の事も、「誰もいやでござる。一人も志願する人はない」と言えば、それで済む、しかしこのはなしはごくごく秘密でないと拙者も迷惑するから、とくと分別するがよい』と懇切な御内意でござりますゆえ、望人はたくさんにありましたが、『そんな事をいってはならぬ』と誡《いまし》めておいて、一人も願うものがないと申し上げたのでござります。

しかるところ旦那様が書生や剣術遣いなどを御愛しなさるので私どもが押さえても押さえられずに、ついに直《じか》に自身から内願をしたので顕れまして、はなはだ相すみませぬが、何とぞ内分に御聴済《おききすませ》を願います。もしこの事が表立ちますとどんな事になるかもしれませぬ、また御代官に対して荘屋一同が将来の勤向〔勤めの様子〕もかかわる事でござりますゆえ、何とぞ御《ご》用捨《ようしゃ》を願います」

と、さすが律義の田舎荘屋、根も葉も残らず白状したから自分も詞《ことば》を柔らげて、

「左様であったか、それで何事もよく分かった、なに出願人が充分に出来さえすれば別に咎めはせぬ、また其方達の迷惑にならぬように御代官にも談じて、さらにもう一度説諭のし直しをするからその時には十分心配〔世話〕をしろ、間違うときっと承知はせぬぞ」

といったら、彼らは平身低頭して、

「なに御代官から御内意さえなくば私どもにおいては決して間違いませぬ」

と請けをしたから、もう造作もないと思って、その翌日、代官所へ談判として出掛けました。

志願兵がなぜ集まらないのか

代官への応接は荘屋を談ずるようには往かぬから、少し改まって

「過日以来だんだん説諭致したところが、さらに応ずる者もないのは全くまだ説諭の届かぬところがあるゆえと思うから、さらに明日から更《あらた》めて説諭致したい、それについて一応御心得のためおはなしをするが、今般〔今回〕の御用向〔用件〕は君公にも深い御思召があってことさらに仰せ出されたことで、すでに一橋に兵隊がないことは各方も御承知の事であろう、また現在の御職任は京都守衛総督であることも御承知であろう、ついてはこれまでのように一人の兵隊もなくては守衛総督の御職掌は尽くせぬから、急に兵備を整えようとするのは、いわゆる泥坊を見て縄を綯《な》う〔糸などをより合わせて縄などをつくる〕と一般であるが、しかしそれでもないよりは優る訳であるから、せめては領分の子弟の二、三男で志願の者を集めて兵隊を組み立てたならば、万一の時には相当の用に立つであろうというところから、不肖ながら拙者が歩兵取立御用掛を仰せ付けられて参ったところが、過日来いろいろに説諭すれども『一人も出願人がない』と荘屋どもから申し立つるけれども、それは全く事実志願人のないのであるか、または人撰《じんせん》の致し方が悪いのであるか、そもそもまた御代官、すなわち貴殿平生の薫陶《くんとう》〔徳をもって人を感化し、

すぐれた人間をつくること〕が悪いために一人の応募者もないのか、いずれどこかにその原因があるであろう、ついては貴殿もよく御熟考なさい、また拙者は、この職掌が勤まらぬといって辞職すればそれまでの事であると思わるるとそれは大いに御心得違いというもので、いやしくもかかる重大の御用を御請けしてはるばる当地まで出張致し、それぞれ着手したからには、もしも出来ぬという時には、その証拠を明了にせねばならぬ、しかる時は貴殿にもいかなる迷惑を及ぼすかもしれず、また平常貴殿が地方へ対する教訓が、代官たるの職掌に適《かな》わぬというような結果が出て来はせぬかともご按思《あんじ》申します、ゆえに明日よりの再説諭には、貴殿よりもおもだった荘屋その他の人々によくよく利害をお示しになるがよい、しからざればあるいは御同然身柄に障るような事が生ぜぬとは申されぬ。

拙者は昨今一橋に仕官したのであるから永年の間共に禄を食《は》んだものではないが、いやしくも一日たりとも同じ君の禄を食んで藩籍を共にしておれば、どこまでも忠実の考えをもって御話をせんければならぬ、それゆえに念のため一言申しておくから、よく勘考のうえで返答をなさい」

というと、代官も困った様子で、

「委細承知しました。全体厳重に示してあるのでございますが、なおまた今度はいっそう厳重に」

などと分疏《ぶんそ》〔弁解〕をしました。

二百人の志願兵が集まる

そこで翌日から再説諭にかかると、今度は続々願い出るものがあって、たちまち備中で二百人あまりも出来た。その上に

「当村にはかような身体の大きな男があるから別段に御召連れを願う」

「それは面白い、旗持にするがよい」

また

「こういう豪胆な者がござる」

「それもよかろう伴れていこう」

というので、当然組み立った外に二十人ばかりも余分に出来たから、その連中は何月何日ごろに出立して京都へ参れということを定めて、ここにはじめて本望を果たし、応募人名書などを取り調べてなお丁寧に御主意をいい含めて備中を出立し、それから播州、摂州、泉州を廻ったところが、すでに備中でかようかようという通知があったから、各村でせいぜい拵えて出すような訳になっていて、一度呼び出して説諭するとずんずん願い人があるという有り様でたちまち御用が弁じて、総体の人数がおよそ四百五十六、七人出来たによってそこで五月の中ごろに京都へ帰って復命をしたところが、速やかに大役をし遂げて御満足に思召すという御褒詞と、

白銀五枚に時服〔毎年春・秋または夏・冬の二回、朝廷や将軍などが諸臣に賜った衣服のこと〕一重《ひと》ねを賞賜〔功績などを賞して褒美を与えること〕せられました。

その後おいおい募集の人数が各地から来着するから、いずれも紫野《むらさきの》の大徳寺《だいとくじ》へ止宿させておいて、それを訓練するために、軍制局においていろいろの評議をして、その大隊長は物頭《ものがしら》の中に両人あって、洋式の兵制を一とおり心得ているけれども指図役頭取《さしずやくとうどり》とかまたは指図役などに乏しきゆえかれこれと人繰りをしてその役を定めたが、ちょうどその年の七月になっていささか兵制の組み立てが出来たのであります。

その勤向についても、あるいは事を取り扱った役人の不正を摘発してその人を退けたり、また、その兵隊給養の事についてもいろいろに心配をしたこともあるが、それらをいちいち申すと大変に長くなるからこれは略しておきましょう。

富を増やす方法を考える

さてこの兵隊組立御用で領分内を巡回してさらに二つ三つ考案を起こしました。

その考案というのは、一橋家の今日のごとく始終幕府からたくさんに金穀〔金銭と穀物〕を受けている訳にはいかぬであろう、たとえ小さい領分ながらも経済上の道理から少しでも収納を多くして、領分の者も富むような事を工夫してみたい、これはつまり自分の本領であると考えがついたので、まず第一、播州は上米〔幕府が諸藩に、また藩が家臣に対して上納させた米〕のたくさんに取れるところであるが、この播州から収納する年貢米を兵庫で捌《さば》く事になっている、ところが、それは兵庫の蔵方〔蔵屋敷で年貢米や各地の特産物の出納を管理した町人。蔵元〕と唱える人の扱いに任せて代官の注意が届かぬところから、米の価がはなはだ安くある。

もしこれを灘《なだ》、西《にし》の宮《みや》辺の造酒家に売ると大きに直段《ねだん》が相違する。また播州は白木綿《しろもめん》のたくさん出来るところで一つの国産ともいうほどなれども、これを大阪で売るに何らの方法を施したことも聞かぬ。

なれどもこれに適当の仕法〔方法〕を設けたならば領分の物産も増殖しその間に利益も生ずるであろう。また備中にては古き家の下から硝石《しょうせき》がたくさんに取れるので、これを製造して営業にしているものもある。これらも当時必要の品であるから何か法を立てたら利を起こす工夫がありはせぬか。

まず摂播の年貢米はわずか一万石くらいであるが、今少し高く売れればすぐに五千両くらいの相違はあろう。また播州の木綿を大阪へ販売するについては、その方法により、ために物産も殖《ふ》えてしたがって運上〔税〕を取り立てることが出来る。また備中で硝石の製造法を立てるも一つの利益である。

すでに兵備の事は自分の建言で歩兵の組み立ては出来たけれども、そのじつ、兵事は自身適当の仕事ではない。

むしろこの瑣少なる領分ながらもそれぞれ仕法を立ててその富を益《ま》して、したがって一橋家の収納を多くするような工夫がありそうなものだから、その方へ力をいれて仕事した方が面白くはないかという考えが起こってきた。

少し話が後戻りを致しますが、さきに歩兵組立のために領分内を旅行の時に、ありふれた事ではあるが、その土地に名誉ある人または孝子義僕《こうしぎぼく》〔親孝行な子や公共に尽くす人〕を褒賞するは地方政事の必要と思いたれば、巡回中に聞き糺《ただ》し、例の興譲館の阪谷先生を始めとして、あるいは備中にて親孝行の婦人とか、年老いて健全なる独身者とか、または摂泉播にて農業丹精の人とか、地方にて奇特の功あるものとかおよそ十余人の善行者を取り調べて、帰京のうえ、その褒賞の事を用人《ようにん》へ具状〔詳しく書き述べる〕したところが、速やかに採用せられて、それぞれ褒賞に与《あず》かり、特に興譲館の阪谷先生は京都へ呼び出して君公の謁を賜り、相当の褒詞があって学校へは扶持方を附与されたから、地方にては一橋の徳を称し、かつ渋沢が来てから善政が多いとて、大いに自分の評判もよくなったということであった。

勘定組頭への任命

さて前にもいった廻米《かいまい》〔多量の米をある地点から他の地点に輸送すること〕の方を改めること、播州の木綿を一つの物産としてこれに方法を設けること、備中に硝石の製造場を開くこと、この三箇条の建言をしたところが、黒川を始めその他の用人連中も至極賛成だというので、すぐにその取り扱いを自分に命ずることになった。

しかるにその事は現今の身分にては差し支えがあり、会計上に係わることだから会計の係りを命ずるという評議になりて、その年の秋、勘定組頭《かんじょうくみがしら》という役に転じて食禄二十五石七人扶持、滞京の御手当が月給二十一両となり、御用談所出役は兼任で、諸藩の用がある時には出るが不断は勘定所に出勤してその事務を取ることを命ぜられました。

この勘定組頭という役向きは、その上に勘定奉行というものがあるけれども、勘定所全体の要務はたいがい組頭が権を執っていること幕府の慣例と同じく、一橋家もそのとおりにしてずいぶん緊要なる役向きである。ことに自分は前にもいう領分の改正に必要あって用人よりの内談によって命ぜられた組頭であるから、勘定所にては大いに重く取り扱われたのみならず、用人は自分を大いに理財に長じた人と思ったとみえて、一橋の財政上充分の改正を自分に委任するとの内意であったゆえ、たとえ自分において差し当たり良法妙案はないにもせよ、兵制を説くよりは理財の方がまだしも長所であると自信したから、この時より、一橋の会計上について十分に整理をしてみようということを思いました。

それから再び領分へ出張して、まず兵庫で年貢米払方の方法を充分に立てて、また備中へいって硝石の製造法を開いたところが、この硝石製造法は開きは開いたがたいそうな功能をみる場合には至らなかったが、年貢米の売り捌《さば》き方はその時分の相場よりは一石について五十銭も高く売れて、幾分か計画した甲斐があったことである。元来一橋の領分から上がる米は多く良米であったから、今までの法を換えて酒屋の元米《もとまい》に売らせるような工夫にした。

また播州の木綿反物については藩札《はんさつ》〔諸藩が領内で発行した紙幣〕を発行して、それで木綿を買い上げ、大阪に立てた問屋へ向けて送る、問屋はこれを売り捌き、その売上代金は大阪の会所へ納めるという仕法であった。そうしてその会所の元方《もとかた》は播州の今市《いまいち》というところに立て、そこで印南《いんなみ》郡を始めとして多可《たか》、加東《かとう》、加西《かさい》などいう郡中から出るたくさんな木綿をば、今市から四里ほど隔ったところに設けた物産集所に集収して、そこから大阪へ送って金にする。

またその買入元金は、今市の会所において人々の望みに応じて藩札を渡し、その藩札は村民の申し出に任せて正金《しょうきん》〔幕府発行の貨幣〕に引き換える仕組みであるから、大阪の出張所には常に相当の正金が残る。それを確実なるところへ預けておけば、一方には金も殖え、一方には品が運転して、したがって余計に出来るようになる、という趣向でありました。

この藩札というものはそのころ諸藩においても往々行われていたが、多くは引き換えの悪いために取引が不自由であったが、一橋の藩札は深くその弊を看破して、第一番に引換元金に充分注意して決して、これを他へ流用することは出来ぬという確乎たる基礎を定めたうえで発行したものゆえなんの弊害もなくて一匁《もんめ》〔銀貨の単位。金1両は銀50〜80匁〕はいつでも一匁、十匁はいつでも十匁の価格を保ってなかなか便利に行われた。

結局十万両くらいまで発行する計画であったが、まず当初に三万両発行してその運転を始めたのであります。ただしこの事を企図してその手続きを定めたのは丑年の秋であったが、これを実地に施したのはその歳の冬より寅年〔慶応二年・一八六六年〕の春に至って漸くその効を見るようになりました。

十四代将軍家茂の死

これから引き続いておいおいに一橋家の財政に力を尽くして藩力を増進しようという計画をしつつありましたが、ここに一つの不愉快なる事に出会《でくわ》しました。

それというは、寅年の秋、大阪において徳川十四代の将軍家茂《いえもち》公が薨去《こうきょ》〔死去〕されましたため、一橋の君公が将軍家御相続になった一事であります。これを表面から見ると、君公に随従して幕府の役人となり上るのであるから大きに仕合わせのようでありますが、自分の身にとってはじつにこの上もない不幸な場合に陥ったもので、それからついにヨーロッパに往くという変化を来す事に及びました。

それを今夜話し尽くす訳にはゆかぬから、これは第三関節のお話に残しておいて、今夜はこれで話を休《や》めましょう。

巻之三

財政を改善する

引き続いて今晩も身の上の履歴話、まず前回の続きから始めておいおいと第三関節の変化した境遇に説き及ぼそうと考えます。

すなわち前回は自分が一橋家に仕官した始めから、歩兵組立御用を帯びて備中および摂播泉〔摂州・播州・泉州〕の三州にある領分地を巡回して五百人ばかりの兵丁を募集のうえ、京都へ復命して、その各地の巡回中、胸に浮かんで考案した経済上の建議すなわち年貢米の売払方、播州木綿の売買、備中の硝石製造、この三件の改良方案が一橋政府に採用せられ、この三事業の外になおまた広く財政上の改革に参与しろという内命を受け、身分が進んで勘定組頭に転じ、会計事務の主任となって、これまでの御用談所詰および諸藩士間の交際などの事が兼務となった事から、三事業の着手、藩札発行、前将軍薨去につき一橋公が御相続になるというところまでお話をしておいたが、なおこの勘定所出役以来の事については、今微《すこ》し委《くわ》しくお話を致すつもりでありますが、その中には重複に渉《わた》ることも往々ありましょうから、そのつもりでお聞き取りあるようにしたい。

前夜お話したとおり、勘定組頭に転役した後も御用談所詰の仕事が兼務になっていたが、さて勘定所に這入ってみると、その方の用向きが多くしてたいがい掛かり切るようになりました。

もとより比較にはなりませぬが、この勘定組頭というはあたかも今日の大蔵次官の職掌であった。

さていずれの藩でも勘定所には前例旧格〔古いしきたり〕等の多いことで新規の人が突然這入っても一月や二月の間にその格例〔慣例。規則〕すら覚え切る事は容易でない。いわんやこれを改革するは一とおりや二とおりの困難ではないと思いました。

そもそも一橋家の勘定所の組織というのは、まず勘定奉行が両人、勘定組頭が三人あってその他に平《ひら》勘定および添《そえ》勘定というが何十人というほどあり、御金《おかね》奉行、御蔵《おくら》奉行、御金方《おかねかた》、御蔵方または御勘定所手附《てつけ》などと唱え、総体の人数は百人以上もありました。また領分の支配をする各御代官所の役人も総《すべ》て勘定奉行の支配下であったから、なかなか大役所にて、自分一人の力ですぐに面目を改める〔物事や様子を改善する〕ことは出来ないけれども、元来の目的は藩の財政を改革せねばならぬという気で這入ったものだから、何とぞ全体の勘定に余地を生じてその余地をもって兵備を整え、かつ通常の事務も勉《つと》めて改良する精神であった。

ゆえに奉行にも自分の考えを内話し、同役または配下の人々にも些細な事までこの取り扱い振りはこうしたらよかろう、この事はこう改正する方がよかろう、また甲の事務は乙の事務に合併して一局となし、丙の繁雑を分けて丁の閑職に加うれば執務上便利でもあり、道理に照らしてもまた正当であるなどと、常に注意して改革に力を用いておったうちに、前回で概略述べておいた三事業改良の事をいよいよ挙行することになって、まず第一に兵庫に出張して、播州、摂州等から納める年貢米売り捌きの方法を立てた。

それまでは兵庫に蔵宿《くらやど》〔年貢米を幕府の米蔵に入れたり、民間に売却したり、仲介を請け負う業者〕があってそれに託して相当な相庭《そうば》で引き受けることになっていた。なれどもその進退は大阪の代官が全権で取り扱うゆえに、はなはだしきは菓子折のために三合安く売るということがないでもなかった。

つまり全体の取扱も直段《ねだん》の取極方《とりきめ》もまるで蔵宿というものに任せてあったが、自分の考えは、摂播両国の一橋領は地味がよいからしたがって貢米もよい道理である、ゆえにこの良米を灘の酒造家に入札払にして酒の元米に買わせたなら、今までの売捌《うりさばき》方よりも一割以上の高価を得ることは必ず出来るに違いない、ちょうどその蔵宿の一人で東実屋《とうじつや》何某《なにがし》という男は普通の才覚があってこの改正の用に使えるものとみたから、この男に談じて酒造家の元米に売ることを試みた、ところがたちまち効能が顕われて前年よりは一両について升目《ますめ》五合以上高く売れた。しかしその時の相庭が何ほどで、差引利益がいくばかりあったということは記憶しておりませぬ。

続いて備中にいって硝石の製造所を立てた。さきに歩兵の募集に来たときに面識になった剣客の関根という男が硝石製造の事を心得ていたから、これを使用し、なお土地のおもだった農民にもその旨を申し談じて、奨励のために少々の元入金《もといれきん》〔資金〕を出し、果して完全な硝石が出来たならばこういう定価で買い上げてやるという方法にして、四箇所ばかり製造所を開かせました。

それから引き続いて播州へ来て木綿売買の法立《ほうだて》に取り掛かった。元来播磨の国は木綿が重《おも》なる産物で、今日でも東京へ来る晒《さらし》木綿はたいてい播州の姫路から出るのである。もっとも一橋の領分はわずかに二万石ほどの石高であったが、その村々で出来る木綿も相応にたくさんの高であった。そうしてこれはたいがい村民が自由に大阪に商うまでで、別に仕法も取締りもない。

ところが姫路の方は藩で法を立てて封内《ほうない》〔領内〕で出来るものはすべてこれを姫路に集め、それを晒にして大阪並みに東京へ売るようになっているから、一反《たん》の価を比較すると、姫路の本綿がはなはだ高い、しかるにその隣村でありながら一橋の領分になると価も安く出来、高も比例してみると少ない。せっかく綿もたくさん出来る地方ではありまた人手もたくさんあって、作れば作るだけに出来るのに、姫路の方では立派に一種の物産となっているにもかかわらず、いかに領分が狭いといってもおもだった産物ともならぬのはすこぶる残念である、よってこれを一つの物産とするには、まず木綿を拵《こしら》える者から価を高く買い取って、それを大阪または江戸へ送りて売るにはなるたけ安くする道を設ければ必ず盛んになって、領分の富を増すに相違ない。

ついてはこの売買の間に一橋の藩札を作ってこれを流通させ、そうしてその売買の便利を謀ろうと企てました。

藩札を発行する

さてこの藩札というは現今の兌換《だかん》紙幣〔金《きん》などの本位貨幣との引き換えが保証されている紙幣〕のようなもので、そのころ、中国九州の藩々にては盛んに流行した。

もとより紙幣をもって金銀に代えるのは経済上相当なことで、いずれの国にも紙幣のあることは聞いておったからあえて怪しむべきものでないと思ったが、当時この藩札中において、長州および肥後《ひご》、肥前《ひぜん》の藩札はやや通用がよかったなれども、姫路その他の藩札は多くは他領へ通用せぬ、稀にこれを所持するも、一束の藩札で一丁の豆腐も買い得られぬ次第にて、その領内の通用も何割引きあるいは何掛けなどいって、例えば百匁の札に三を掛けて三十匁に取引するという始末であったから、札の表面に書いてある直段《ねだん》はほとんど虚価にして実価は時の相場に従うものであった。現に自分が備中の往返《おうへん》に備前《びぜん》の岡山を通行して少しの藩札を受け取ったが、国境を越すと通用せぬからその領内にて使ってしまわねばならぬというので、入用でもない物を買ったことである。

そもそも藩札の価格が右のごとくに低落した原因は、ただその正金引換が不充分であるから起こるので、申さば諸藩の引換所が時々戸を閉ずるとかまたは引換を中止するとか、はなはだしきは他領へいってこれを使用すればそれだけの得益があると心得ている会計役人が多かった。

ゆえに藩札の信用が全く地に落ちて、前に申したしだいに立ち至ったのである。

自分はつくづくこの有り様を見て、さても愚かな話だ、金銀よりも紙幣の方が便利に相違ない、正金を引換準備に立てて札を使うのは便法《べんぽう》である、しかるをその札が焼ければよいとかまたは人が失えばよいとかいうような泥坊《どろぼう》根性でこれを使用するのは、じつに笑うべきことである。国家の通宝〔貨幣〕によって私利を貪るというものだ。左様な考えでなく、実直に藩札を流通したならばついに一橋の札は立派に通用するであろうと思うた。

元来自分はかような事については、その時分には別に学問も経験もなく、また外国の紙幣取扱方を聞いたこともなしいわば腰だめ〔大まかな見当〕の考案であったが、今日から思ってみればこの時の考案は経済の道理に暗合していたので、すなわち紙幣はこのごとき効能をなし、またこのごとき過ちを生じやすいものであるから、その効能を取って過ちを避ければ、真成なる紙幣使用の実益を得るものである。

播州の領分で木綿の多く出るのは印南郡であって、その郡中の今市村というところへ藩札引換の会所を設立した。もっとも木綿の多く出来るのは今市より二、三里北に当たった村々であるが、今市村は土地に財産家も多く相応の家屋もあり、また引換正金を貯蓄するにも土蔵その他の手当もありかつ諸方への運搬便利なども最上であったから、ここに会所を定めた訳であります。この今市の近傍に高砂《たかさご》というところがあって、かの有名な尾上《おのえ》の松がある名所、またその近所に曽根《そね》村というがあって、曽根の手枕《たまくら》の松と唱えて名高い松の樹がありました。

さて藩札発行の方法は、木綿買い入れについて資本を望む商人へはその木綿荷物と引き換えに適宜に札を渡し、取りも直さず荷為換貸金《にがわせかしきん》の手続きをする。もしこの木綿を本人の手で大阪へ売却しようとする時には、初め資本に借り受けた藩札の金高を正金にして大阪において払い込めば、それと引き換えに木綿を請け取ることが出来る、また会所の手で売却を望むものがある時には、会所においては売捌手続を立ててこれを取り扱い、その売上代金の内から貸し付けてあるところの藩札代を受け取り、差引決算を立てる、その間に些少の手数料を取る都合であった。

また藩札の引換は今市村の会所と定めて、その準備金は今市と大阪とに置くものとし、大阪へ置く金は大阪の豪家《ごうか》に預けて利足《りそく》を取るという仕組で、申さば一万両の藩札を発行すれば、そのうちの五千両は今市に備えるが、他の五千両は、三十日前に通知すれば返納する約束で大阪の金主《きんしゅ》に預ける。その金主というのは今堀、外村、津田その他二軒ばかりであったが、二十二軒の御為換組《おかわせぐみ》〔幕府公金を為替によって江戸に送るのを請け負った商人組織〕のうちでもおもだった金持ち五軒の用達《ようたし》〔御用達《ごようたし》〕であった。最初藩札を拵える資金からその他一切の費用に至るまで皆この五軒の用達に調達させて、勘定所からはいささかも出金せず、ただその事を許可するまでのことでありました。

藩札の発行高は最初にまず三万両として、その実施のうえにて十万両との予算であったが、なおそのうえの都合によっては二十万また三十万両までも発行する見込みでありました。

さてその見込みは定まったけれども、その藩札の原紙製造および版木の彫刻を命ずる事、また今市の会所を修繕し、大阪の出張所を定むる事などによほどの日数を要したから、自分も丑年〔慶応元年・一八六五〕には秋から冬まで播州と大阪とで半年を経過しまして、いよいよ実施したのは丑年の十二月から、寅年〔慶応二年・一八六六〕の初めへかけての事であったと覚えております。

幸にその事務が都合よく行われて、発行した高が三、四箇月の間にちょうど三万両ばかりになって、引換もいたって少なく、一方においては木綿の売買にすこぶる便利を得たから、最初は新法新法といって掛念した領内の村民も、ここに至っていずれも安心して怡《よろこ》びの色を現しました。その中に京都から御用状が届いて、藩札事務はやや手順も定まったにより他人に扱わせて、自分は帰京するようにと奉行から申してきたゆえに、それぞれに手順を示しておいて寅年の三、四月ごろ京都へ帰ってきて、日々勘定所へ出勤して会計事務を取り扱っていました。

一橋公が長州征伐を引き受ける

これより以前に徳川十四代の将軍家茂公は御上洛《じょうらく》になって、寅年の夏ごろには大阪城に御滞留であったが、子《ね》年〔元治元年・一八六四〕の秋、長州の毛利《もうり》が朝命に背き奉ってもったいなくも禁闕《きんけつ》〔皇居〕に発砲し、かつ幕府をも蔑如《べつじょ》〔さげすむ〕したによって、先帝すなわち孝明《こうめい》天皇はなはだしく御逆鱗《げきりん》遊ばされて、長州征伐の勅命が幕府へ下った。

そこで幕府は大いに諸藩の軍令を催促して、尾張大納言《おわりだいなごん》〔徳川慶勝《よしかつ》〕が総督になって、かの長州征伐を始めたが、大将の軍令も行われず、各藩の兵気も一致せず、つまり大軍を労したばかりで寸功をも収むることが出来ずにしまった。

よって今年は幕府の親兵に譜代諸侯の軍勢を併せてすなわち幕府一手の軍立《いくさだち》をもって再征したところが、やはり長州勢が強くて寄手《よせて》〔攻め寄せる軍勢〕が弱い、芸州《げいしゅう》〔安芸〕口の戦争などはあたかも連戦連敗の姿で、幕兵は追い戻さるるばかり、いつまでもはかばかしい実効が挙がらないによって、朝廷より幕府へ速やかに征討の実効を奏するようにと御催促を仰せ出さるるというところからついに我が一橋公が長州征伐の大任を引き受けらるる事になりました。

いったいこの長州征伐は幕府にとっては実に一大事で、もしこれを失敗する時はたださえ衰微した権勢がますます萎縮して徳川の天下も運命が窮まることは必然の場合であるから、一橋公は奮然として自から任じ、成敗をこの挙に期して自身に征討の大任を負われました訳でありましょう。

これがちょうど慶応二寅年の夏ごろであったが、さあそうなると、たとえまだ未熟でも、昨年の春、兵制を立てて歩兵隊を編成したのは、時にとりて要用をなしたと用人《ようにん》などが言ったことがあった。この時に自分も長州征伐の御供を命ぜられて、勘定組頭から御使番格《おつかいばんかく》に栄転した。

前にも述べたとおり、自分は勘定組頭の職を命ぜられてからは一図〔一途〕に一橋家の会計整理に力を尽くしていろいろ勘定所の改良を勉めていたが、右のごとく君公御出馬という場合になっては、腰抜け武士となって人後に落ちることは好まぬ気質だから、強いて従軍を願って御馬前で一命を棄てる覚悟でありました。

一橋公に将軍相続の話が

ところがその間際になって、大阪御滞在の将軍家茂公がにわかに薨去という大変になって、それがため一橋公が長州征伐の一件も沙汰止みになり、かえって老中板倉周防守《いたくらすおうのかみ》、大目附永《なが》井玄蕃頭《いげんばのかみ》などが京都へ来て、一橋公に将軍家の御相続を御勧め申し上げるということになってきた。

この御相続一条についてはいろいろ評議もありましたが、元来一橋公が将軍家の儲君《ちょくん》〔世継ぎ〕に立つということは、去る安政《あんせい》のはじめ、十三代の将軍温恭公《おんきょう》〔徳川家定《いえさだ》〕の生前において、京都からぜひとも一橋を儲君にとの御内論もあったことであるが、その時の元老井伊直弼《いいなおすけ》〔掃《かも》部頭《んのかみ》〕が一橋公の賢明を忌《い》んでこれを嫌い、朝命に遵《したが》わざるのみならずはなはだしきはそのために一橋を幽閉してついにこの家茂公が紀州《きしゅう》から這入って温恭公の後を継ぐようにしたのである。

そういう行き掛かりもあり、ことにおいおい時勢も迫ってきて徳川幕府の危いことはあたかも累卵《るいらん》〔卵を積み重ねること。不安定で危険な状態〕と一般〔同様〕であるから、この場合に誰も将軍とする適当な人物は一門の中にないというところから、右のとおり一橋公を出すことに一致したものと見えて、ついに一橋公に将軍家相続の話が向いてきたのであります。

徳川家を相続すべきではない

この時に自分と喜作とはその噂を聞くや否や、大いにその不可なることを唱えたが、その時には黒川嘉兵衛は権勢が衰えて原市之進《はらいちのしん》という人が用人の筆頭になっていた。この原と云う人は水戸出身で、弘道館《こうどうかん》〔水戸藩の藩校。尊王攘夷思想を鼓吹した〕の教頭をも勉め漢学も相応に出来て、黒川とは違ってずいぶん人才という評判もありかつ事物の弁《わきま》えもあった人である。自分もこの人とは、その前から厚く懇意にしたものだから、今度の一条についても、この人に向かっては御相続の不可であるということをしばしば論談したことである。

その論談の趣旨は、今日の徳川氏はこれを家屋に譬《たと》えていうと土台も柱も腐り、屋根も二階も朽ちた大きな家のごときものである。もしこれを修繕しようというには大黒柱一本を取り換えたとてそれで保つものではない。つまり改造する外に革新の道はない。なまなか〔中途半端なさま〕修繕を企て、柱を換えたり棟を改めたりするとかえってその破潰《はかい》を速やかにするようなものゆえ、むしろこのままに捨て置いて、脇の方から添柱《そえばしら》を建てるという姑息法で維持するがよい。しかしそれでも維持が出来ぬときは破潰する外はない。たとえいかようなる明君良主が相続してもとうていこのままで中興は出来ぬ。

しかるに今一橋公は賢君であるの材能が多いのといって御継統の将軍となし奉ったとても、恐れながら君公一人ではどうすることも出来ず、あるいはかえって滅亡を早くするようなことがあるかもしれぬ。その訳は、目今《もっこん》〔現今〕のところでは天下の人が皆幕府の役人が悪いとばかりいっているからまだしも目の注ぐところ怨みの帰するところが緩なれども、向後〔今後〕賢明の君が相続したとなると、百般の感応力が著しく強くなる訳である。

試みに吾人《ごじん》一家の事に比しても、主人が留守とかまたは病気なれば少々の手落ちをも恕《じょ》する〔許す〕情合《じょうあい》になるが、もし主人が儼然《げんぜん》として在宅する時には、微《すこ》しの落ち度にても、気がつかぬとか失敬の待遇をするとかいって容赦せぬのと同様であるから、今一橋公が大統を継いで将軍家の御相続をなさるというはまるで死地に陥るので、じつに失策の極、危殆《きたい》千万〔はなはだ危うい〕な事柄である。

ゆえに何とぞ相続の事は切に御止まりにならんことを願いたい、その代わりに自分らの考案は、この累卵のごとき危うい幕府たりともこれをして一日も長く保つようにするのには一橋公は御相続を御辞退になり、他の親藩から幼弱の人を撰んで将軍家の継統として、一橋公には相替わらず御輔佐《ほさ》の地におられて、依然として京都守衛総督の御職掌を尽くさるるが御双方の得策であると思う。

しかしこの総督の大任を完全に尽くすという日には、兵力といい財用といい現今の有り様では何の役にも立たぬから、よろしくこの機会に投じて畿内《きない》またはその近傍において、五十万もしくは百万石の封土を御加増になるという計画になされたいものであると、例を引き実を挙げて再三再四説いたところが、原市之進ももとより天下の形勢はよく知っていたから、自分の言うことをもっともと思うて、

「いかにも足下の言うところはもっともに思われる、それほどまでに思うなら、御前へ出てその趣を言上してくれ」

というので、すぐに君公に拝謁を願って、親しく意見を開き申する運びになった。ところがその翌日、君公には板倉・永井らの懇情を御許容になって、にわかに大阪へ御下りになりましたゆえ、残念ながらこの拝謁のことは叶わずにしまいました。

幕臣になる

右の次第にてついに一橋公が将軍家相続ということに決して、その事を藩中へ仰せ渡されたから、自分らもその事を承知したが、誠に歎息といおうか残念といおうか、その時の心中は今考えてもじつに失望の極みでありました。

これも尋常人の考えから申せば、自身の仕うる君公が将軍家相続になったのだから、あるい

は幕府へ召し連れられて相当な役人になれるもしれぬ、さすれば出世の道が広くなる訳だによって大きに仕合わせだと喜ぶはずであるが、独り自分ら両人は、もはや大事去りぬ、このうえはどうしたらよかろう、また元のとおり浪人になろうか、いや待て、浪人になっても行く先はない、さればとて、長くこうしてもいられぬ、すでに一橋家に仕官して両三年生き延びたから、これからまた死ぬ工風《くふう》を廻らそう。

一橋公も今日将軍家を相続なさるようではもはや望みはない、賢明などいってもやはり大名は大名だから仕方がない、つまり我々の建言が十分に腹に入らぬであろう。言が行われぬ以上はやむをえぬから去るの外はないなどと、寄々《よりより》〔時々〕相談していたが、八月に至っていよいよ将軍家相続となられて、自分らも幕府の方へめし連れられて幕臣の末班に列することになり、一橋家の重役中にても原市之進、梅沢孫太郎《うめざわまごたろう》、榎本亨蔵《えのもときょうぞう》などは、あるいは御目附あるいは御使番とその等級に応じてそれぞれの役向《やくむき》に転じたが、我々はもとより地位が低いから、陸軍奉行支配調役《しらべやく》といって、御目見以下の役向をいい附けられて幕府へ勤仕する訳になった。

前にも云うとおり大きに失望しているから、少しも用が手につかない、朝も早くは出勤せず、書物でも読んで昔の英雄豪傑を友として法螺を吹いているというふうになった。

回想すれば一橋家へ仕官してよりすでに二箇年半の歳月を経、言も行われ説も用いられ、辛苦計営していささか整理に立ち至った兵制、会計等の事も、皆水泡に帰したのはじつに遺憾の事であった。

しかし勘定所の事務だけは丁寧に後任者に引継をして、その中にも藩札の始末はかくすべし貢米の事はこのとおりにするがよいという意見を留めて一橋家を立ち去った事である。

新撰組に頼む

さて自分らは大阪にて幕府の役人となって、ただ旅宿にいて威張っていたれども、その後新将軍家は京都に御登りになりて、自分らも御供にて京都においては毎日陸軍奉行の詰所の脇にある我々の詰所に出ていると、同役もおよそ十四、五人あって、組頭と唱える者が一人あった。

この組頭は森新十郎《もりしんじゅうろう》いう人で、小才気のある江戸っ児風の男であった。自分はもとより快々《おうおう》として楽しまず〔満足できず楽しくない〕、したがって職務をも勉強せなんだが、そのうちに料《はか》らず一つの出来事に遭遇しました。それはそのころ大沢源次郎《おおさわげんじろう》という御書院番士《ごしょいんばんし》が、禁裏《きんり》御警衛のため番頭《ばんがしら》の手に属して京都に滞留していたが、この大沢に国事犯の嫌疑があるというので京都町奉行から陸軍奉行へ掛け合いになった（大沢の身分は御書院番であるが禁裏御警衛番士の動向が陸軍奉行の支配であったからこの場合になったのである）。しかるにこの大沢には多人数の共謀者があって、兵器銃砲の用意までも整うているとの評判ゆえ、陸軍奉行の役所でも軽々に手を附けることが出来ぬというので、なかなかの騒ぎでありました。

この一事を見てもそのころ幕吏の怯懦《きょうだ》〔臆病〕なりしことが知れるが、ついにこの大沢を捕縛するために新撰組《しんせんぐみ》を頼むことになった。

ところが大沢は陸軍奉行支配下の人だから、奉行の名代《みょうだい》〔代理〕に調役組頭《しらべやくくみがしら》または調役のうちから新撰組に附き添うということになってきたが、組頭というのは例の柔弱の小才子だからそういうところへ出掛けるのを好まない。しからば誰行け彼行けというちに、渋沢は根が浪人で強い事には恐れぬ男だから、彼に命じたらというので、この貧乏鬮《くじ》が自分のところへ落ちてきた。

ところが自分はそんな事が好きだから、得たり賢《かしこ》し、ようござります、参りましょう、がしかしどうしたらよいのでありますかと組頭に尋ねてみると、組頭のいうには
「元来この大沢は陸軍奉行の支配であるから、足下は新撰組を同道していって、奉行の名代をもって、大沢に御不審の筋があるによって捕縛して糺問《きゅうもん》するから左様心得ろといえばそれで用はすむ。それからすぐに新撰組に渡して捕縛させて江戸へ送るだけの事だ」

とのこと、

「それは造作もないこと、それでは京都町奉行の屋敷へいって新撰組の隊長近藤勇《こんどういさみ》に引き合います」

というので、それからすぐに京都町奉行の役宅において近藤に面談して、新撰組の壮士六、七人に警衛されて、その夜、北野《きたの》近辺のある家に休息して大沢の動静を探偵してみたところが、大沢は北野辺の寺院に止宿しているが、折節《おりふし》他出中であって、ほどなく帰宅するとのことで

あったが、間もなくまた探偵係から大沢の帰宅したということを報知して来たによって、新撰組の壮士等は、
「すぐにその寺院へ踏み込んで捕縛するからそのうえにて自分の使命を達するようにせられよ」
というから、自分はこれを拒んで、
「それはいけない」
「けれどもかねてそういう手筈《てはず》に町奉行の役宅で引き合ってあったからよろしいじゃないか」
「いやそれでは自分の職掌が立たぬ、たとえ組頭と打ち合わせがあっても、この職務は自分が命ぜられたうえからは自分の考えに応ぜぬことは承諾せぬ、いわば自分が正使であるから、奉行の命を伝えぬ前は大沢はまだ罪人にはならぬ、罪人にならぬ先に貴所《きしょ》らがこれを縛ることは出来ないはずだから、自分が奉行の代理で大沢に逢ったうえ、御不審の廉《かど》があるから捕縛して糺問するゆえ左様心得ろというから、速やかに捕縛してよろしい」
「捕縛してから言い渡してもよいじゃないか」
「捕縛してからいい渡すという事は相ならぬ」
「だがもし大沢に用意があって言い渡す間際に斬ってかかったらどうするつもりだ」
「そんな事は御如才ないから心配するには及ばない、斬って掛かったらこちらもその積もりで相手になる」
「足下にそんなことが出来るか」

「馬鹿なことをいうな、自分は紈袴《がんこ》武士〔世間知らずのひ弱な武士。紈袴は昔、中国の貴族の子弟が着用した絹の袴〕とは違うぞ」

などと戯談《じょうだん》半分に問答して共に一笑を催したが、ついに警固の武士は門前に待たせておいて自分は近藤勇と共に寺院の中に進み入って、源次郎は宅にいるかというとそれ以前にいろいろ評議したほどにもなく源次郎はすでに寝ていたものと見えて、やがて寝衣を着たなり、睡《ね》むそうな眼をして出てきたから、自分から奉行よりの命令を伝え、両刀を取り揚げてすぐに捕縛した。これで自分の職掌はすんだから、大沢源次郎は新撰組の手から町奉行へ引き渡して、その夜三時ごろに奉行の旅館に復命した。その時の奉行というのは今の溝口勝如《みぞぐちかつゆき》氏で、そのころは伊勢守《いせのかみ》といってすこぶる怜悧《れいり》〔利発〕の声聞があった人であるが泰平の役人だからこれらの細事にも深く心配して、自分の復命するのを寝ずに待っていた。よって大沢捕縛の手続きを逐一申し述べたところが奉行もたいそう喜んで、

「誠に使《つかい》なる哉《かな》、使なる哉」

といって羅紗《ラシャ》の羽織を当坐《とうざ》の褒美にとてもらったことがありました。

亡国の臣になる必然

しかしながらこれはこのころの出来事で、済んでしまえばその限りのことであるが、前にも

いったとおり、日に増し境界《きょうがい》〔境遇〕が面白くない、なんとなく世に望みが薄くなってきた。

そこでつくづく考えてみるに、今一、二年の間にはきっと徳川の幕府が潰れるに相違ない、迂闊《うかつ》にこのまま幕府の家来になっている時は、別に用いられもせずまたあえて嫌われもせず、いわば可もなく不可もなくしてついに亡国の臣となるに相違ない。

ついてはここを去るより仕方がないが、ここを去るにはどうするがよかろうか、とただいろいろと屈託していたが、なにぶん思案がつかぬから、急に出奔することも出来ず、一橋にいた時分にはたびたび君公に拝謁も出来たのが、御相続後には願っても拝謁は出来ず、原市之進などさえ何か垣根越しに物をいうような姿で、充分の御輔佐も出来ぬ様子であるから、ほとんど懐《いだ》いた玉を奪われたような心持ちで、いろいろに愚痴が増してくる。

さればとていつまでも因循《いんじゅん》〔思い切りが悪く、ぐずぐずしている〕していれば亡国の臣となることは必然であるから、もうどうも仕方がない、いよいよ元のとおり浪人になると覚悟を定めたのはその年の十一月ごろでありました。

フランス留学に

さるところその月の二十九日に、原市之進から、急に談ずることがあるから着てくれいという使者が来た。すぐにいってみると、

「別の事ではないが今度一八六七年のフランス国の博覧会〔パリ万国博覧会〕について各国の帝王も皆フランス国へ会同される趣だによって、日本からも大君《たいくん》〔将軍〕の親戚を派遣するがよいとフランス国公使が建言したから、いろいろ評議の末、水戸の民部公子〔徳川昭武〕を御遣しになることに決した。

右については外国奉行も附き添ってゆくが、その博覧会の礼式がすむとフランスに留まって学問をさせようという上の思し召しで、まず五年か七年は彼の国に留学の心得である。よって供人もあまり多人数は連れられぬはずである。

ところがこれまで民部公子に附き添うていた水戸の連中が、公子を一人で外国へやるということは承知せず、やむをえず七人だけ召し連れることに決した。

しかるにこの七人はもとより洋学などを志す人ではなく、昔日のごとく外国人を夷狄禽獣《いてききんじゅう》とのみ思っている変通のない〔融通のきかない〕頑固の人々であるから、かようの人のみを附け置くときは将来のところが覚束ない。もっとも民部公子の御傅役《おもりやく》には幕臣の山高石見守《やまたかいわみのかみ》という人が命ぜられることではあるが、水戸の七人と相伴って民部公子に学問させるというのはよほど困難と思われる。

ついて上の御内意には、篤太夫《とくだゆう》こそこの任は適当で、未来の望みも多いであろうとの御沙汰であるから、拙者も上の御人撰を感服して、足下に充分御内意を伝えますと御受けをしておいた。速やかに御受けせられよ」

と、降ってきたような話、自分がその時の嬉しさはじつになんとも譬《たと》うるに物がなかった。自分が心で思ったには、人というものは不意に僥倖《ぎょうこう》が来るものだと、

「速やかに御受けを致しますからぜひ御遣わしを願います。どのような艱苦《かんく》も決して厭いませぬ」

と、原市之進に答えまして、そうして出立の時日など聞き合わせますと、

「左様まあ当年の内であろう、およそ一箇月内に支度をせねばならぬ、右について外国奉行の向山《むこうやま》〔隼人正《はやとのしょう》〕は江戸からすぐに出立するはずである、また御傅役の山高は当地に来られたから、万事相談するがよかろう。また水戸より御附の人々は、菊地平八郎《きくちへいはちろう》、井阪《いさか》〔井坂〕泉太郎《せんたろう》、加地《かじ》〔加治〕権三郎《ごんざぶろう》、三輪端蔵《みわたんぞう》、大井六郎左衛門《おおいろくろうざえもん》、皆川《みながわ》某〔源吾〕、服部潤次郎《はっとりじゅんじろう》の七人であるから、これらとも引合をつけて身支度をするがよかろう」

というから、自分はこの洋行の内命を大いに喜んで、郷里の父へもその事を文通したが、喜作はこの時、かの大沢源次郎を江戸へ檻送《かんそう》のため附き添いの御用を負いて旅行の留守中であっていつごろ帰って来るか分からない。

しかし最初から死生を共にしようと約束した厚い友人のことだから海外へ往く前にぜひ一度逢いたいと思って、今度命ぜられた御用の一部始終を認《したた》めて、かような訳だからなるたけ早く帰れるなら帰ってもらいたい、万一帰りの遅いときにはあるいは行き違って逢わぬかもしれぬと急状を出しておいて、それから専《もっぱ》ら外国行の支度に取り掛かった。

しかし独身書生の手軽さというものは、黒羽二重《はぶたえ》の小袖《こそで》羽織と、緞子《どんす》の義経袴《よしつねばかま》一着と、今日見るとどんな貧乏な馭者《ぎょしゃ》でも穿《は》かないような靴を買って、それからかつて大久保源蔵《おおくぼげんぞう》が横浜で買ってきたホテルの給仕などが着たと思う燕尾《えんび》服の古手一枚、もっとも股引《ももひき》もチョッキも無いのを譲り受けた。今から思うとじつにおかしい。

そのころは何も様子は知れずまた指図を受ける人もないから、我が思うままの旅装を整え、それから京都の借家の始末をして、衣類道具等の片附けもたいてい終わったところへ喜作が江戸から帰ってきたから、面会のうえ、丁寧にこれまでの手続きを話して、

「自分は幸いにこの命を受けたから誠に高運だが、それにつけても貴契の身上が思いやられる、といって再び浪人になる訳にもいかぬから、むしろ運を天に任せて慶喜公に昵近《じっきん》〔懇意。主君のそば近くに仕える〕し得らるる位地を求めるようになさい、しかしながら徳川の政府はもう長い事はないから、亡国の臣となることは覚悟をしていなければならぬ。もちろんこれは海外におったからといっても同様である。

お互いに最初は徳川の幕府を滅する意念で故郷をも離れた身体であるけれども、今日この位置になった以上は急に変換することも出来ぬから亡国の臣たることを甘んずるより外はないが、それにしてもただ末路に不体裁な事がないようにしたい。

僕は海外におり貴契は御国にいてその居所は隔絶することになったが、この末路に関しては共によく注意して恥ずかしからぬ挙動をして、いかにも有志の丈夫らしく、死ぬべき時には死《しに》

恥《はじ》を残さぬようにしたいものだ」と、互いに後事《こうじ》を談合して訣別《けつべつ》をした。その他、朋友《ほうゆう》故旧へもそれぞれ告別したことであるが、あまり要用もないから略します。

フランスに向かう

さて民部公子の一行が京都を出発したのは十二月二十九日であったから、慶応三年〔一八六七〕卯《う》の歳の正月元旦は長鯨丸《ちょうげいまる》という船の中で祝って、横浜へ着船したのは四日か五日のころであった。

横浜の滞留が五、六日ばかりで、そのうちに諸般の支度を整え、御勘定奉行小栗上野介《おぐりこうずけのすけ》、外国奉行川勝近江守《かわかつおうみのかみ》などという人々にも面会をし、また語学の教師であったフランス人のビランという人に招宴せられたが、この時初めて洋食の午餐《ごさん》をたべました。

万端の都合も整頓していよいよ正月十一日をもってフランス国郵船アルへー号というのに乗り込んで日本の地を離れたが、これぞ西洋各国巡回の行程何万里という旅行の首途《かどで》でありました。

自分はもちろん、水戸から随従《ずいじゅう》した七人の扈従《こしょう》〔供の者〕も、外国旅行は少しも様子が分からぬから、船中でもずいぶんおかしいような話もありましたが、それらは要用な話でないから略します。

ことにこの旅行の日記は、さきに自分と杉浦靄山《すぎうらあいざん》という人と共に筆を取って『航西日記《こうせいにっき》』という一書を編述したことがある、詳細の事はその書に記録してあるからそれに譲ることとします。

船中での闘詩

さていよいよ外国へ往くと決した以上は、これまで攘夷論を主張して外国はすべて夷狄禽獣であると軽蔑していたが、この時には早く外国の言語を覚え、外国の書物が読めるようにならなくちゃいけないと思った。

そのうえ、自分も京都で歩兵組立の事を思い立ってその事に関係してからは兵制とか医学とか、または船舶、器械とかいうことはとうてい外国には叶わぬという考えが起こって、なんでも彼方《あちら》のよいところを取りたいという念慮が生じておったから、船中から専心にフランス語の稽古をはじめて、彼の文法書などの教授を受けたけれども、元来船には弱しかつ船中では規則立った稽古も出来ぬから、自然と怠って、詩作などをして日を送ることとなりました。

この一行のうちにも、外国奉行の向山隼人正《むこうやまはやとのしょう》と同組頭の田辺太一《たなべたいち》、同調役の杉浦靄山などいう人々は、相応に文学もあり、ことに向山は詩人ともいわれるほどの上手であったから、船中にても日々闘詩《とうし》〔漢詩を作り、優劣を競うこと〕などをして無聊《ぶりょう》〔退屈〕を慰めたことでありました。

また一行の人数は都合二十八人ばかりで、一船日本人で充満するという有り様であったが、さて長き航海も極めて平穏無事にして、各地寄港の土地において一両日の滞留もあったが、ちょうど横浜を出帆してから五十九日目、すなわち二月二十九日にフランス国のマルセイユ港に到着したことである。

パリに到着する

それからフランス国の首府パリにいって、こたびの大博覧会の礼典に来会したという趣意を以て、当時の仏帝第三世ナポレオンに国書を捧呈して返書を受け取り、表向きの礼式を済ました。

もっともこの礼式に関する事は外国奉行の手にて調役などが取り扱うから、自分は公子一身の事を取り扱い、あるいは日本へ公信を発するという時には筆を執ってその信書を認め、または山高はじめ公子専属の人々へ月給を支給したり公子のために雑品を買い入れたりする時にはすべて自分の手をもってこれを弁じて、あたかも書記と会計とをかねての職掌であったが、平常は至って閑散であったから、その間にフランス語を勉強する考えで、一行中の両三人と申し合わせをして教師を一人雇うことにした。

もっとも公子および外国奉行などはパリにおいて有名なグラントホテルに止宿せられたが、自分ら両三人は別に借屋をして、毎日教師を呼んで親切に教授を受けたから、一箇月ほどにして、簡易の日用語くらいは片言なりにも出来るようになったによって、買物にいってもまず半分は手真似で用が弁ずるほどになってきた。

ヨーロッパ各国の巡回

さて博覧会の礼典が済んだ後は公子がヨーロッパ各国を巡回するということはかねての手筈になっていたが、まず第一にスイス、オランダ、ベルギーを廻り、次いでイタリア、それからイギリスに往き、事によったらドイツ、ロシアへも巡ろうという見込みであったが、これは第二段にして、当年の巡回はスイスからオランダ、ベルギーを経て一旦フランス国へ帰って、さらにイタリア、イギリスに往くということに定まって、八月初旬いよいよスイスに往こうという時になってから、公子随従の事について、外国掛《がかり》の幕吏と公子御附の人々との間に一つの葛藤が生じた。

その訳というは、こたび公子の巡回には外国奉行も御傅役もそのほか共に随従するという日にはたいそう同勢が多くなるという一事であった。

全体外国では貴人の旅行にてもはなはだ少人数にして万事簡便を貴ぶ風習であるから、かく趨従《ともまわり》の多いのは目に立ってよろしくない、ことに公子はまだ幼年の小供であるのに、七人も八人も趨従を具《ぐ》して歩行《ある》くのは無用である、ましてその同勢がことごとく大髻《おおまげ》に結い込んで、そうして姫路革の引き膚《はだ》〔蟇肌革《ひきはだがわ》で作った刀の鞘袋《さやぶくろ》〕の附いた長い刀を差して出るから、外国人から見ると誠に異形な出《い》で立《た》ちで体裁が悪いというので、御傅役の山高から趨従の人員を減少しようといって、その事を御供の小姓頭取の菊地へ示すと、井阪、加地、服部などいう人々が怒り出して、

「これはどうも怪《け》しからぬ事を仰る、我々が公子の御供をしてフランス国へ来たのは、外夷〔外国〕の言語を学んでその真似をするためではない、恐れ多くも将軍家の思し召しで、公子を遣わすからその供をしていって、各国の国状を観て来いという御沙汰であるから、どこまでも御供をして国々の状態を観るのが眼目である、しかるにフランス国に止まって学問をせよなどとははなはだもって奇怪千万な事、そんな訳なら我々は初めから来やせぬのだ、果して左様の事であるならば、民部公子は一歩たりとも動かすことは出来ませぬ」

と、一言の下に跳ね付けられた。

ところが外国のことではあり、ことには外国奉行だとて御傅役だとて、扈従の人を罷免〔免職〕することは出来ない、よし罷免したからといって、その命を奉ずる様子もないによって、山高も大きに困却して、それから向山、田辺、杉浦などと相会〔一か所に集まること〕して額を蹙《しか》めて相談をしてみたが、さて妙案も出ない、ついに渋沢というので、自分へこの相談が及んできま

した。

帰国するか、どうか

そのころは公子および外国奉行そのほか共に前のグラントホテルを引き払われて、アルク・デ・トリヨンフと称する凱旋門《がいせんもん》のかたわらにあるロシア人の所持する一家屋を借り入れて、これに家具そのほか備付《そなえつけ》品などを買い入れて、室内の装飾を施して、公子始め一同引き移りをした後であったが、自分は前の相談を受けてすぐに外国奉行の詰所へいって、会合の人々からその手続きを聞き取って、さて答うるには、

「これは容易に処置する方法があります、すでに彼らが随従をさせんければ帰朝〔帰国〕するといったのは至極都合のよい話である、速やかに山高氏から御傅役の職権をもって彼らに帰国を御申し附けなさるがよろしかろうと考えます」

（山）「なるほど、そうすれば一も二もなく片がつくが、しかし左様な事を申し出したら、どんなことをするかもしれないからうかとは出来ぬ」

（渋）「もし乱暴を働いたら取り押さえるまでの事ではありませんか。腕力をもって奉行や御傅役に害を加えるというような事があったならば、なおさら帰朝を命ずるうえにおいてその名義が充分に立ちましょう。かつ帰朝を命ぜられた以上は、私が彼らを同行して日本まで送り帰

すことを引き受けますが、しかし奉行御傅役には、公子の趨従をおよそ何人まで許しますか」
(奉)「三人は連れてゆこうと思っているのだ」
(渋)「そんならさほど面倒にせずとも、きっと相談が纏《まと》まろうと考えます、もしどうしても不承知を言うなら、その時は容赦なくすぐに帰朝を命ずるがよいでしょう」
(奉)「なるほど、足下に何か妙案があるなら、一つ心配をしてなるたけ無事に承諾するように相談を頼む」
(渋)「いかにも承知しました」
と、その事を請け合って、その晩すぐに菊地、井阪らの部屋にいって、
「さて今度公子が御巡回について外国奉行や御傅役から各方《おのおのがた》一同お供になるのは第一体裁もよろしくなし、また経費も無駄にかかるから、手代わりに少々ずつの人数が出て、跡はここで留学するがよいと談示をしたところが、各方は不承知であったそうなが、とうてい一同のお供でなければならぬと思われるのであるか」
と尋ねてみると、加地という人が返答していうには、
「全体怪《け》しからんことで、じつに奉行始めの処置がその意を得ぬ、足下も知らるるとおり、民部公子には、我々水戸を出掛けて以来始終扈従して守り立っている、それでこそ擢《ぬき》んでられて外国までも随従してきたのであるのに、それをこの地に来てから、留学のためにフランス国に留まっていて、必要の御巡回にはかえってお供は二人でたくさんだなどとは、あまりといえば

心無い訳だ、また経費の事をどうこうというが、なるほど我々が附いて往けば経費は幾分が掛かるかもしれぬが、そんなに経費を惜しむなら万端何事もそのとおりにすればよい、しかるところ自分らのする事にはつまらぬ事にも人をやったり、せんでもよい贅沢《ぜいたく》をしておりながら、その事は棚に上げておいて、かえって我々にだけ倹約を主張するというのはじつに我々を軽蔑するのであるから、そんな命令にはどこまでも服従することは出来ません」

（渋）「なるほど聞いてみればごもっともなことであるが、しかしおよそ事を取り扱うには何事によらず主権者というがあることで、その主権者が物のほどあい加減を考察して、かくなくてはならぬとか、かくせよとかいう命令に従わぬときには、所詮《しょせん》その事の要領は得られぬ道理でありましょう、いまここで各方がいくら不承知を唱えてみたところが、とうてい仕方のない訳ではないか。またどこまでもお附き申そうといわれるのも御情合から見ればさることではあるけれども、全体外国の風習では大勢の供連れははなはだ不体裁で、何国の帝王でも大勢の供廻りを連れ歩行《ある》くことは決してない、しからばこたび公子の扈従を二人に減ずるという奉行の考察も、いわゆる郷に入っては郷に従うの趣意で、あながち無理とも思われない。しかるを各方において強いて一同の御随行を主張して、その職にいる人の命令に従わぬと決心しられた以上は、帰朝するより外に仕方がなかろう」

（加）「それだからやむをえず帰国をさしてくれといい立ったのだ」

（渋）「いや、すでにその事は聞いた、いよいよ帰朝とご一決のうえは自分がご同行申して帰ろうと思う」

(加)「そんなら外国奉行に足下から話をして下さい」

(渋)「よろしい、奉行がそのとおりに命ずるならご同行で帰国しましょう。各方も、自分の心に快しとせぬことに強いて服従することは出来まい」

などと談判のうちに、菊地が傍から遮っていうには、

(菊)「今日となっていたずらに帰国するのは残念千万である」

(渋)「帰国が残念なれば命令に従うより外に仕方はあるまい」

(菊)「けれども奉行のいうことが無理だから」

(渋)「それは各方が分からぬというものだ。奉行のいうことが果して無理ならば従わずに帰国するとか、あるいは帰国は残念だから命令に従うとか、結局二者の中、一にこれに居《お》れで、あえてかれこれ拘泥《こうでい》するには及ばない事でありましょう」

(菊)「それじゃ仕方がないから申し合わせて三人残って跡は帰ろうか」

(渋)「それは至極妙案であるから、速やかにその相談を遂げて、帰る人と残る人とをお定めなさい」

と勧告してみたが、なかなか相談が纏まらぬから、また語を継いで、しからば三人ずつお供をするとして、これからスイス、オランダ、ベルギーで一回、次にイタリア、その次にイギリスと、順次に随行の交代をするということにしたならば、たいてい各方の望みも足る訳、また奉

行の方も三人ずつなら許諾するであろうと思う、さすれば各方も帰朝するには及ばないから、こう極められたらどうじゃといったれば、一同もようやく同意してはじめて相談が行き届いたから、その趣を逐一奉行御傅役へも申し通じてその承諾を得、無事にこの葛藤が解けました。

ヨーロッパで修学

スイスへの巡回は八月の初旬で、それからオランダ、ベルギーの両国をも歴覧せられて、九月の中旬にフランスへ帰り、その月末になってまたイタリアに旅行した。この時には外国奉行およびその掛かりの役々は随行しませなんだ。

イタリアの巡回は十月の末に終わって、その二十三日にフランスへ帰り、さらに十一月の初めからイギリスへ巡回されたが、パリへお還《かえ》りになったのはその月の下旬でありました。

当春フランス国へ到着のころには外国奉行の一行も打ち交って博覧会はもちろん諸方の見物または礼典に列するなど、ほとんど余暇もない有り様に経過し、また八月ごろからというものはかの各国の巡回で、国々の名所旧蹟を遊覧したり、あるいは国王への聘問《へいもん》応答〔礼物を持って互いに訪問し合うこと〕などにて、面白く世話《せわ》しくその日を送ったが外国方の人々は各国巡回の前後に皆帰朝してしまって、ようやく閑暇になったから、そこで十一月の末に至って留学の緒に就くことが出来た。

さあこれからは最初の目的のとおり修学一途ということで、語学の教師を一雇い入れて稽古を始めることになった。その人々は公子と山高と自分と、かの七人の扈従の者で都合十人であったが、助教師には随員中の山内文二郎《やまのうちぶんじろう》という人があって日本語でフランス語の翻訳をしていたが、この山内もほどなく帰朝したによって、その後はそのころフランス国留学生のうちで小《こ》出涌之助《いでゆうのすけ》という少年が最もフランス語をよく解するので、これを公子のお相手に命じたことであった。

さて公子の修学課程というは、毎朝七時から乗馬の稽古に往かれて九時に帰館になって朝飯を仕舞われると、九時半に教師が来る、それから午後三時まで語学や文法などの稽古をして、三時に課程が済むとまた翌日の下読み、作文、暗誦《あんしょう》などいう都合で、なかなか余暇はありませんなんだ。

自分はその間に日本へ出状する〔手紙を出す〕とか、日記を録するとか、その他御旅館内の俗事は皆一身に引き受けて弁ずることであるから、じつにいささかの余地もないほどに繁忙を極めたことでありました。

大政奉還の報せを知る

各国の巡回が済んで留学の順序が極《きま》ってから一、二箇月経て、御国よりの命があって、山高は御傅役を免ぜられて公子に属する事務官は自分の独任となり、また扈従のうちにも病気で勤仕に堪えぬ人が出来て二人帰国させたから、御旅館内もしだいに人少《ひとずくな》になりゆきました。

ところでこの歳の十月中に日本の京都において大君が政権を返上したという評判がフランス国の新聞に出てから、さまざまの事柄が続々連載されてくるのを見たが、御旅館内外の日本人はもちろん、公子に附添のフランス国士官（この人はコロネル・ビケットといって公子が留学となりし時にフランス帝から御附添として遣わされた人で常に御旅館に止宿して学問のお世話をしていました）までが皆虚説であろうといって、一向に信じませなんだが、独り自分は、かねて京都の有り様はよほど困難の位地に至っているから、早晩大政変があるに相違ないということはこれまでにもすでにしばしば唱えておったことであるから、右の新聞紙を信用して他人々にもその事を論弁しましたが、やがてその翌年〔慶応四年／明治元年・一八六八〕の一月ごろになるとおおいに御国から報知があって、去年の十月十二日に将軍家には政権を朝廷へ返上になって、朝廷もこれをお聞き届けになり、薩摩と長州との間柄も一致して幕府に当たるという有り様であるとのことだによって、このうえはいっそう急変を見るであろうと憂慮しているうちに、三、四月になると、正月の初めに鳥羽《とば》口で幕府の兵と薩長の兵と戦をはじめて幕兵が敗走したによって、将軍家は大阪城を立ち退かれて海路より江戸へ御帰りになり、謹慎恭順《きんしんきょうじゅん》の御趣意を幕府の諸士へ御示諭《しゆ》のうえ、水戸へ御退隠になったという一部始終の報知に接しました。

誠に数千里を隔てた海外にあってかかる大変事を聞いたときの心配というものはなかなか言語に絶した次第であった。

そのころパリ府に滞在の外国奉行は栗本安芸守《くりもとあきのかみ》〔鋤雲《じょうん》〕という人であったが、この人も去年政権返上の新聞が出た時にはしきりに虚説を主張されたが、自分はこれに反対で実説に相違ないというので、その時には大きに討論もしましたが、その後おいおいと凶報が来たについて栗本氏は色を失い、自分に向かって、

「何故に足下は最初からこの報知を実説と認めていながらいささかも驚愕の体のなかったのであるか」

などと問われたこともあったが、

「じつは自分も一月の下鳥羽《しもとば》戦争は、予想の外に出てあまりといえば幕府が兵略に暗くかつその所置の拙劣なることを悲憤慷慨《ひふんこうがい》しました。もとより兵略などは論評する身ではないけれども、すでに戦うという以上は、兵庫、神戸等咽喉《いんこう》の地〔重要な地〕を扼《やく》せず〔おさえず〕してただ大阪のみを守り、そのうえ兵を京都に出して後先見ずに事を起こし、ついに朝敵の名を受けるというは拙策とやいわん愚昧《ぐまい》とやいわん、歯牙《しが》にもかからぬ話だ」

などと痛論したこともあったが、すでに事の済んだ跡ではありかつまた川向うの争論で、なにほど切歯《せっし》しても扼腕《やくわん》しても、微《すこ》しの甲斐もありませなんだ。

日本はどうなるのか

さて前にもいうごとく幕府衰亡とすれば、向後民部公子の留学はどうしたらよいか、この際にわかに帰国せられたとて、将軍家は謹慎恭順して朝命に遵《したが》うという御趣意であってみれば別段公子の尽くすべき事柄もあるまいから、むしろこのままに長く留学せられて、せめては一科の学芸にても卒業のうえにて帰朝せられた方が御得策であろうと思慮を定めたが、それにしてもまず第一に注意せねばならぬことは経費の節減であるから、前の御傅役山高が免職の後もなお留学していたによって、その事を委細に協議したうえで五人の御扈従をさらに三人帰国させて、残りは二人とし、公子の外に自分と御相手の小供と都合五人とすれば、留学の経費も格別の高を要せずに維持することが出来得るから、ほぼこれに決意をしました。

全体民部公子のフランス国行については、最初外国奉行の一行が御付添申した時は博覧会の礼典に関係したことであるから、その経費も同じく外国係の方で取り賄《まかな》いをしたが、その後各国の巡回も済んでパリに御留学と定まってからは、毎月五千ドル宛《ずつ》をもって引き続いて御国から送金が来たによって、勉《つと》めて倹約してその中から大分剰余が出来たから、そのうえにもいっそうの節略を加えておよそ二万両ばかりを予備金としてその年の二月ごろにフランスの公債証書と鉄道債権とを買っておきました。

それから日本の模様の委《くわ》しく知れたのはその年の三月であったが、新政府の外国掛かり伊達《だて》宗城《むねなり》、東久世《ひがしくぜ》通禧《みちとみ》二人の名前をもって、民部公子へ向けて、今般王政復古に付きそこもと〔そなた〕にも帰朝せられよという公文が届いたから、その時自分が栗本に談《はな》すのには、所詮この場合に民部公子が帰朝せられたとて仕方はない、もっとも先ごろ公子から前将軍家へ再三御手書をもって建白なされたことがある、その大意は、殿下〔徳川慶喜〕がさきに大阪を御立ち退きになって関東へ御帰城になったのはじつにたのもしくない思し召しである、またたとえ御帰東なされたとて何故速やかに兵を挙げて京都に向かう御手配はなされぬのであるか、今日の朝廷というはつまり薩長二藩であるから、これを討滅するにおいてさまで困難ということもあるまい、もしまた最初から真に朝意を遵奉して恭順を事とするの思し召しならば、何故伏見《ふしみ》下鳥羽の戦争を開かれしや、すでに戦端を開いた以上は万不得已《やむをえざる》ことであるからいわゆる強き者の申し分はいつもよくなるものというフランスの諺《ことわざ》に従って断行したならば勝ち遂げぬということはあるまい、という主意であった。

さりながらこの建白の用捨《ようしゃ》〔用いることと捨てること〕はもとより予期することは出来ぬから、民部公子を今帰朝させてこの大混乱の間に彷徨《ほうこう》させることはいかにも得策でない、責めて今四、五年も留学せられて一技に長じ一芸に熟したうえで帰朝せられたならば一廉《ひとかど》の御用にも立つであろう、外国へ来ておらるることこそ幸い、禍乱を避けてその間に学問の修業が出来るというものので、じつに天来の僥倖《ぎょうこう》であるから、ぜひともそうしたい、ところで第一に心配せねばならぬことは金である、この金の工夫については外に良策もないによって一番貴君を煩わさねばならぬ、その次第というは、今日は幕府もすでに瓦解《がかい》したことであるから、貴君がこの地に滞在しておられたとて外国奉行の職任もその効能はあるまいによって、速やかに帰国せられたうえで、貴君から直接に会計専任の有力家にご相談されたならば、たとえ混乱した幕府でも四万や五万の金額を得ることはさほど難事でもあるまいと思われる。

また現にイギリスとフランスとに留学している二十名あまりの生徒においても、向後経費の仕送りが覚束ないから、早く帰国を命ずるのが得策であるし、これを帰国させるにもその旅費の用意が必要であるが、これらは一時民部公子の予備金から支出しておくようにしよう、ゆえに貴君は一日も早く帰国せられて送金の計画を願いたいと、丁寧反覆して談示をしたところが、栗本も大きにこの説に同意を表しました。

日本に帰国する

栗本の帰国した後、フランス国留学生はその頭分の栗本貞次郎《ていじろう》に相談して民部公子の予備金から旅費を支出して残らず帰国させ、また英京〔イギリスの首府〕ロンドンの留学生は川路太郎《かわじたろう》、中村正直《なかむらまさなお》〔敬宇《けいう》〕の両人へ照会して帰国の事を問い合わせたところがそれ以前よりこの連中の方へはいささかも送金がないから、よんどころなく〔どうしようもなく〕イギリス政府へ出願して帰国旅費を請求したところが、イギリス国政府においては、この留学生をば帆前船《ほまえせん》に乗り組ませて喜望峰《きぼうほう》を経て日本へ送り帰す手筈であるということを返答してきたから、自分は早速ロンドンへ出張して、川路、中村に面会したうえで前願を取り消し、帆前船云々の事を謝絶させて、この連中も同じく公子の予備金から旅費を支給してフランス国郵船に乗り組ませて帰国させたことである。

今の清《しん》国公使の林《はやし》薫《ただす》氏、文学博士外山《とやま》正一《まさかず》氏などはこのイギリス国留学生の中でありました。

栗本の帰国したのはその年〔慶応四年／明治元年・一八六八〕の三月ころであったゆえ、あるいは約束の金を送り越すかとじつは心で待っていたけれども、六、七月ごろになっても手紙さえも届かなんだ。

しかし幕府の勘定所からさきに送り出した五千ドルずつの月費は四、五月ごろまで受け取ることが出来たから、かの英仏留学生に帰国旅費を支給してもなお公子の留学費は二年間くらいは十分に支えることが出来る勘定であった。

万一この限り日本から送金のないときには、速やかに旅館を売却して極《ごく》小さなところに蟄居《ちっきょ》し、さらにいっそう人数を減じ、公子と自分とその外二人くらいにすれば四、五年も維持してなにほどか修学も出来る考えであったが、なおまた幾許《いくばく》かの留学費を準備しておこうと思って、旧里の父に書状を寄せて送金の事を請求したことであったが、間もなく日本で水戸の君公〔徳川慶篤《よしあつ》〕が死去されて民部公子がその御相続という事になったので、先般帰朝した扈従の井阪と服部の両人が公子御迎のためにその年の九月にフランスへ来たから、もはや公子留学の企望も全く尽き果てたによって、やむをえず帰国の支度に取り掛かって、フランス帝への告別、外務省への談判から旅館の始末、諸什器《じゅうき》家具等の売却に至るまで、当時パリにおいて幕府から名誉領事を委嘱してあったフロリヘラルト〔フルーリ・エラール〕という人に託して悉皆《しっかい》〔すっかり。全部〕整理したから、ともかくも帰国して、幕府の衰亡の有り様をも目撃しかつは一身の方向をも定めようと思うて、九月の末にフランス国を出立して、航海無事に横浜に入港したのは十二月三日でありました。

まず今晩はこれで止めて置きましょう。

巻之四

フランスで勉強する

今晩お話を致すのもやはり自分の履歴であります。

前回はフランスからやむをえず帰国と決して明治元年〔一八六八〕の十二月はじめに日本へ帰着したところまでお話をしましたが、元来自分がフランスへゆくということになりましたのも一橋公が将軍家を御相続になったからの事で、自分の身の上は、一橋家においていささか用いられてやや事をなすの端緒を開いたのであったが、そのうちに一橋公が将軍家を相続なさる事になった。

このことは表面からみるとたいそうなご幸栄であるけれども、そのじつは極めて危険な位地になられた訳であります。

また自分の一身上とても幕府へ召し連れられて御直参《ごじきさん》〔旗本《はたもと》、御家人《ごけにん》〕となるのは栄達には相違ないが、それも尋常一様の小役人では何たる事の出来るものでもなく、さればとてこの先幕府で要地を得ようというにはなかなかほど遠いことであるから、自分の身はともかくもそのうちには幕府の命脈が続くまじとじつに失望の極に陥りました。

ところが幸いして民部公子〔徳川昭武〕の附添を命ぜられてフランスにゆき、一方には国家の乱を避け一方には外国の形勢を知ってかたわら修学の道を得ることであるからこのうえもない都合のよい運に向いてきたのでいかにも心嬉しく思いました。

さりながらそのころしきりに苦慮していたのは国家の現状で、かくのごとく幕政の衰微を来した以上は、いずれ近きうちに一大政変を見るのは必然の勢いである、さてその政体がいかようにに変化するということに至っては考え能《あた》わざるところであったというものの、いずれにしてもこの政体の変化をするにしたがってますます関係を深くするのは外国の交際であろうということは、その時たいがいに気がついた。

さあそう気がついてみると、向後外国の学問がますます必用になってくるに相違ない、ところで今度の外国行はあたかもその機先に処する好方便を得たのである、ゆえに今日からその志向を定めて充分の修業を積んでおいて、いよいよ外国学が要用であるという時に臨んで帰朝したならばずいぶん国家の用に立つことであろうと思い設けたから、フランス国留学となった日から公子にも勉学の事を御勧め申し上げて、自分も一意に励精したけれどもまだ言語も充分には出来ず、わずかに文法書の一端を読み得るくらいになったところで早くも御国の政変が起りて朝廷から帰朝の命が来ました。

ついては速やかに帰朝するは至当の事であるが、しかしながらただ単に留学のためとみればそのままに滞留して修業をしておられたからといって別段公子に厳譴《げんけん》〔厳重な譴責〕もあるまじと思惟《しい》して、いろいろ経費の節略などを工夫して長く留学の計画をしましたけれども、公子水戸家御相続ということから万事の経営も皆画餅《がべい》〔絵に描いた餅。実際の役に立たないこと〕に属してもはや留学の意念も尽きはて、無拠《よんどころなく》帰国の準備も匆々《そうそう》にして御国へ帰着したのは、明治元年の十二月三日でありました。

主を失った幕臣たち

さて日本へ着してみると、暫時《ざんじ》〔少しの間〕でも幕府の人となって海外旅行の留守中に主家が顚覆した次第であるから、江戸が東京となったばかりでなく、百事の変革は誠に意外で、幕臣はあたかも喪家《そうか》の狗《いぬ》のごとく、横浜に着した時にもその取締りの官吏からいろいろ身分を尋問せられ、見るもの聞くもの不愉快の媒《なかだち》ならざるはなしという有り様でありました。

やがて上陸してみると杉浦愛蔵《すぎうらあいぞう》〔譲《ゆずる》〕が出迎いに来ていて、懇切に世話をしてくれ、その他水戸藩から公子のお迎いに来た人々もあって、公子はすぐに東京へお越しになり、自分は公私の荷物を船から受け取るなどいろいろの用事もあったによって、その晩は横浜に一泊と定めて杉浦と共に横浜に居住の友人を訪問して、久々にて日本の居宅に坐して日本の食事をなし、過ぎ越し方の日本の談話をしたのは、さすがに不遇の身にもいささか愉快を感じたことでありました。

少しく話があとへ戻りますが、公子の一行がフランスを出立して以来航海中は別に不都合の事もなく、各碇泊《ていはく》地から乗り組む人々について御国の風説を聞くのを第一の務めとしていましたが、香港へ着船した時に初めて会津落城の事を聞き、また日本の海軍は榎本《えのもと》〔武揚《たけあき》〕氏の指揮によりことごとくその軍艦を引いて箱館《はこだて》〔函館〕に行ったということを聞いた。

　またその以前に聞き及んでいた会津が盟主となって奥羽《おうう》諸藩が連衡合従《れんこうがっしょう》〔巧みな方策による同盟〕して官軍の討手に抵抗するという一条は、所詮充分なる約束が行われず、その兵隊とても規律厳粛というほどではなかろう、ことに将軍家は謹慎御待命《たいめい》〔命令の出るのを待っている〕中とのことだからいわば首領のない軍兵であるによって、いくら多勢でもとても薩長の力の強い勢いの盛んな兵隊と拮抗《きっこう》し得ることは出来ぬであろうと推察していたが、果して香港へ着いた時に会津落城の事を聞きました。

　しかしそのころ海軍の全権を有した榎本武揚という人は、旗本中では第一流の人傑であるとかつてその友人から聞いていたし、またその時分にオランダで製造した開陽丸《かいようまる》という軍艦は当時第一等の堅艦で、その他、回天《かいてん》、朝陽《ちょうよう》、長鯨《ちょうげい》、三ヶ保《みほ》などという諸艦も、諸藩の軍艦に比較すればよほど優等に位することでもあり、かつ名望も経験もある榎本がこれを指揮しているのであるから、空しく降服するようなことはなく、必ず何か事をなすであろうと思っていた。ところが、今香港へ来て聞いてみると、海軍はすべて箱館へ行ったということだから、これはいかなる軍略に拠ったものであるかすこぶる解しかぬる次第であると思いながら上海へ来てみると、同処の旅館にドイツ人のスネール〔貿易商〕と長野慶次郎《ながのけいじろう》とが止宿しておった。

　このスネールという人は、戦争の間、会津藩に聘《へい》せられて〔招かれて〕いたが、落城の前に兵器が足らぬというので鉄砲を買いにきたのであって、長野はその通弁として同行してきているということが分かった。

自分は長野とは前々から知人であったゆえ、民部公子が上海に着して自分も随従しているということを聞き込んですぐにスネールと同道して面会を請うてきたから逢ってみると、長野のいうには、

「薩長などが官軍と唱えて武威を振るって幕府に当たるから、会津が盟主となって奥羽諸侯と合従してこれに敵対しているけれども、兵器が不足で充分の事が出来ぬから、鉄砲買い入れのため当地に来たのである」

というから、自分が長野へ問うには、

「会津はすでに落城したということを香港で聞いているが実説であるか」

と質《ただ》してみたところが、長野のいうには、

「その確報はまだ得ぬ、しかしながらたとえ落城したからといっても残党が多くあるから、ぜひ一度は挽回《ばんかい》せんければならぬ。

またこのスネール氏などは外国人であるが真に力を入れている。ついては一つ相談があるが、すなわち民部公子の進退で、今すぐに横浜へお帰りにならずに、ここからすぐに箱館へお連れ申して、箱館に雄拠している海軍の首領としたならば、いったいの軍気も大いに張るであろう、ぜひともこの事に同意あるようにしたい」

と、熱心に勧告しられたから、

「それはもっての他の事で、左様の事は出来ぬ、自分においては公子をして左様な危険の地に赴かせることははなはだ好まぬ」

といって、断然拒絶したことがありました。

幕臣の人々の軍略

さて前にもいうとおり日本へ帰ってきて、その翌日、横浜の友人に面会して、箱館の様子を聞いてみると、同姓の喜作も同地に往《い》っているということ、そうして榎本を始めとして大鳥《おおとり》圭介《けいすけ》、松平《まつだいら》太郎《たろう》、永井《ながい》玄蕃頭《げんばのかみ》、小笠原《おがさわら》壱岐守《いきのかみ》などいう幕臣のおもだった人々も皆箱館に集って、大いに地方の政事を改め、ようやく武備を整え、いわゆる兵食を充実して後に内地まで押し出すという軍略だとの風説であった。


その風説というも、横浜へは外国船が通知するによっておおよその事は皆手に取るように知れるとの事であるから、その時自分の思うには、

「それではとうてい望みのない話だ、果して風説のような軍略ならば、箱館に集った人々はいながら破潰《はかい》亡滅を待つと一般〔同様〕の話で、じつに気の毒千万である。昔から亡国の遺臣が集合して恢復《かいふく》を図ったことがしばしばあるが、いつでもやり遂げたこと

はない、しかしながら疾雷耳《しつらい》を掩《おお》うに遑《いとま》あらず〔急な雷には耳をふさぐ間もない〕というように短兵急接〔いきなり近づいて攻撃する〕に敵の要所を襲うとか、または空虚を衝《つ》くとかして敵勢を動揺させて形勢に変化を生ずるの機に乗じてよく進退をしたならば、あるいは万一を僥倖《ぎょうこう》する〔幸運に恵まれる〕こともあろうが、今聞くとおりの軍略では、所詮覚束ない。

ことに集合の人々を見るに、その間に君臣の大義があるでもなく、申さば烏合の衆であるから、たとえこれを統御する人はいかに人傑なるにもせよ、一時はともかくも始終のところにおいてよくその命令に服従するものではない。烏合の衆をもって彼の食を足し兵を足してしかる後にというがごとき持重〔慎重〕策を立てるのは、あたかも力のたらぬ角觝《すもう》が土俵際に引き受けて保とうとすると一般で、決して勝利を得ることは出来ない。

今箱館の人々は幸いに海軍の力があるから、あるいは不意に京阪を襲うとか、あるいは東京、横浜を衝くとかいうように、そこここと出没して要所要所を要撃して、いわゆる霹靂《へきれき》その端倪《たんげい》を視る能《あた》わず〔雷はその始終を見定めることができない〕というがごとくもっとも鋭敏に運動したならば、各藩の兵気も防禦《ぼうぎょ》応援に徒労して人心自ら擾乱《じょうらん》するに相違ないから、天下の事もあるいはまた知るべからずともいうべしだが、その健足を持ちながら、空しく坐臥《ざが》して持重策を講ずるというのは自ら敗を招く道理で、極めて拙策と謂わざるをえんことである」と考定したによって、早速一通の書状を認めて、箱館にある喜作の手へ送達することを横浜の友人へ託しました。

その書中には詳しく前の理由を述べて、さてせっかく久々の面話〔向き合って話す〕を楽しみに帰国したところが、貴契《きけい》も箱館行だと聞いて誠に失望して遺憾千万である。かつまた箱館へ集合した人々の未来は前にいうとおりの結果であろうと思考するから、その趣を榎本氏へも伝えられたし、また今日の形勢ではもはやお互いに生前の面会は望みがたいことであるによって、このうえは潔く戦死を遂げられよと懇《ねんご》ろに申し送りました。

父と再会する

それから両三日は荷物の取扱その外の用事を足して杉浦と共に神奈川宿に逗留していて、十二月の六、七日ごろに東京へ帰ってきて、だんだんと様子を見聞してみると、維新の騒動について、彼《か》の友達は脱走したとかこの親戚は死んだとか、いろいろに変化している。

また故郷にいた時共に大事を謀《はか》った尾高長七郎はと聞いてみると、その年の夏、幸いに出獄はしたけれども、自分が日本へ到着する前に死去したとの事、その弟の平九郎《へいくろう》は自分が昨年フランスに行くについて見立養子《みたてようし》という名義で相続人にもらって養子届をしてあった、これは幕府の制度は、外国行の者は万一外国において死去する事あらんも測られざれば、見立養子をなすを要することとなりしが、この平九郎も、このたびの騒動についてその実兄の尾高惇忠や同姓の喜作などに随従して諸々方々の戦争に出合い、ついに飯能宿《はんのうしゅく》〔現・埼玉県飯能市〕近傍の黒《くろ》山《やま》というところで討死をしたという話で、じつに見るもの聞くもの皆断腸の種ならざるはなしという有り様であった。

そこで我が一身はと反省してみると、海外万里の国々は巡回したというものの、何一つ学び得たこともなく、空しく目的を失うて帰国したまでの事であるし、また同姓の喜作は箱館に往って死生のほどもはかられず、その他の親友も多くは死去または離散の姿で、じつに有為転変《ういてんぺん》の世の中であると嘆息の外はなかった。

元来幕府を討滅するということは、我々がその先鞭《せんべん》を着けようとしたのであるが、一旦機会の齟齬《そご》してから、今日はかえって幕吏の末に列して亡国の臣となったのはじつに残懐至極《ざんかいしごく》ではあるが、あえて自分の過誤失策ともいいがたいによって、世の成り行きとあきらめてその身の不幸を慰めるより外はありませなんだ。

それはともかくも、過《よぎ》る亥年〔文久三年・一八六三〕の冬故郷を出て六年の星霜《せいそう》を経過し、今年ようやく東京まで帰ってきたものだから、久しぶりに両親にも逢い故郷の様子も見たいと思って、その月の中旬に故郷へ行くということをかねて父の許《もと》まで文通しておいたところが、父はその前に東京へ尋ねてこられた。

父の尋ねてこられたのは柳原《やなぎはら》の梅田《うめだ》という剣術道具を拵《こしら》える家で、従来懇意にしたから、この家にて父と面会しました。

父は自分の世に轗軻《かんか》〔志を得ないこと〕したとはいうもののまず無異《ぶい》〔無事〕で帰ったのを深く

喜ばれた様子であったが、しかし時勢の変遷について自分の身が零落した有り様をみて、喜びのうちにもなんとなく憂いを含んでおられたが、さすがに厳格の性質であるから、やがて詞《ことば》を正して諭されるには、

「其方《そなた》はすでに吾が子でないからあえて指図するにも及ばぬことであるが、将来其方が処世の方向については、従来の愛情によって一応聞いておきたい事もある、これから先はまずいかようにに身を処する覚悟であるか」

と、いかにも深情なる尋ねであるから、自分は感涙を呑み込んでこれに答えていうには、

「今から箱館へいって脱走の兵に加わる望みもなければ、また新政府に媚《こび》を呈して仕官の途を求める意念もありません、せめてはこれから駿河へ移住して、前将軍家が御隠棲《いんせい》のかたわらにて生涯を送ろうと考えます。それとても彼の無禄移住といってそのじつは静岡藩の哀憐《あいれん》を乞い願う旧旗下連の真似は必ず致しませぬ、別に何か生計の途を得て、その業に安んじてよそながら旧君の御前途を見奉ろうという一心である」

と告げたところが、父もやや安心の様子であったが、また言われるには、

「海外万里の地にいて御国の変遷に出逢ったのだから帰国するについてもさまざま窮迫もしたであろう、この後とても一身の定まるまでは衣食に事を欠くもはかられんと思うたから、いささかながら金子を持参したから」

といって、懇切に示されました。

自分は深くその慈愛の厚情を謝しながら申すには、

「じつに御恩恵は謝するにあまりありますが、今日の身の上はあえて窮乏というほどでもありませぬ、ゆえにそのご心配を受けるには及びませぬ。じつは京都において一橋家に勤仕の時から深く節倹を心がけて、少額であるけれども余財を生じ、またフランス滞在中も、公子の随従であったから別に自分の経費はなし、毎月の給料から自分の衣服を作るばかりでその外の費用は勉めて倹約して残しておきましたから、別に目下の窮困はありませぬ。ただし先ごろフランス国から書面をもって送金の事を願いましたのは、公子を長く彼の地に留学させ申すにはその経費が少し不足であろうと掛念したからの事でありました。その事ももはや過去となったによって、今日はなんの必要もありませぬ」

と、詳しく現状を述べたところが、これで父も全く安心せられて、なお四方山《よもやま》の談話をして、かつ近日のうちに自分も故郷に帰着することを約束して、父は帰郷されました。

その後二、三日を経て故郷に帰り、久々にて父母妻子に面会し、閭里《りょり》〔村落〕近隣の人々にも逢いて互いに無事を悦びましたが、両三日の逗留で、十五日ごろにまた東京へ帰りました。

進退をどうするか

自分が民部公子に昵近《じっきん》したのは、海外航行からフランス御滞在中はもちろん、二箇年近く始終お側にあって万端のお世話いたし、前将軍家またはその他への御書状なども皆自分がその草案を認《したた》めたほどであって、御稽古の事はさらなり御衣服より御食物または御遊興の事までも、何一つとして自分の取り扱わぬ事というはなかった。

また常に古来賢君良将の嘉言《かげん》善行を引例とし、近くは父君烈公〔徳川斉昭〕の御遺績なども打ち交ぜて朝晩に御教導申し上げたことであるから、すこぶる親密の御間柄となりました。

それゆえ公子においても自分をお慕いなされて、何事も自分に御話のないうえは御所存が決着せぬという有り様になって、フランスから帰ってくる途中などでも水戸藩というものは前々から騒動の多い藩であるから、余が帰って相続をするにもこの先が思いやられる、ことに今日では余が頼みに思うほどの藩士も少ないから、其方も日本へ帰ってからはとにかく水戸まで来て遊んでくれと、誠に懇切な御内意なども承ったことでありました。

帰国の後も小石川の御屋敷で公子から御話が出たによって、そこで自分もよくよく考えてみるのに、向後は全体いかにこの一身を処置するという点についてはずいぶん窮した場合で、別に衆人に勝れた才芸があるでもなし、また恩顧を蒙った君公〔徳川慶喜〕は現在駿河で御謹慎の身の上、しからば同志の親友はといえば箱館で賊徒の名を受けて討手の官軍を引き受けてしきりに戦争をしている。

当時朝廷に立って威張っている人々はいずれも見ず知らずの公家か諸藩士か、または草莽《そうもう》〔在野〕から成り上がった人ばかりで、知己旧識というは一人もない。熟《つらつ》ら既往の事を回顧してみると、幕府を倒そうとしてさまざま苦慮した身が反対に倒されて、亡国の人になってほとんどなすべき道を失ったのだから、残念でもあるがまた困却もした。

されば といって、目下羽振りのよい当路の人々に従って新政府の役人となることを求むるのも心に恥ずるところであるから、たとえ当初の素志ではないにもせよ、一旦に前君公の恩遇を受けた身に相違ないから、いっそ駿河にいって一生を送ることにしよう、また駿河へいってみたらなんぞ仕事があるかもしれぬ、もしなんにもする事がないとすれば農業をするまでの事だと、初めて決心をしました。

静岡に行く

かく決心した以上は一日も早く出立しようと思って、故郷から東京へ帰ると間もなく駿河へ向けて旅行しましたが、その旅行の前に、フランス滞在中の諸計算を整理して荷物その他の始末をつけ、水戸に属する分は水戸藩へこれを引き渡し、また静岡藩の政庁に申し立ててその許可を得て、フランス国から持ち帰った残金のうちをもっておよそ八千両ばかりの金額で鉄砲を買い上げ、これを公子が水戸へお越しの時の土産に充《あ》てたが、なおまだその残金があったによって、それらの計算を明瞭に記帳して物品の取り片付けをしておいて、駿河へいった時にこれを静岡藩庁の勘定所へ引き渡しました。

またその時に民部公子から、
「前君公への直書《じきしょ》を持っていって、前公に拝謁したら、今日までの経歴その他の事どもを詳しく申し上げてくれ、この手紙の中には、先般京都において懇命《こんめい》〔親切な心添え〕を蒙った留学の事もその目的に達せぬうちに不測《はからず》も御国の大変に遭遇してやむことをえず帰国はしたけれども、今日の場合では拝謁の事さえ心に叶わぬから委細の事は渋沢をもって申し上げるから云々と認めておいたによって、御無事の御様子を拝して、仰せ事があったならば再び水戸へ来てそれを伝えてくれよ」
と、くれぐれも仰せ含められた事でありました。

さて東京と静岡とはわずかの行程であるから、その月の二十日過ぎに静岡へ到着しました。そのころ静岡藩で全権の役人は中老職《ちゅうろうしょく》の大久保《おおくぼ》一翁《いちおう》という人で、その上に平岡丹波《ひらおかたんば》という家老職の人もあったが、これはただその名ばかりで、実際政事の権は大久保一人の掌中に帰していました。

また前公の御附には梅沢孫太郎《うめざわまごたろう》という人がおった。この梅沢という人は原市之進と同じく水戸の出身で、原と共に一橋家の用人となっていたが、前公が将軍家御相続の時に幕府の御目附に栄転して、幕府顛覆の後も今に至るまで始終扈従《こしょう》〔貴人に付き従う〕していたのである。

さて静岡着の後、すぐに大久保に面会してフランス国滞在中の概略を述べて、民部公子の御書状を同氏の手から前公へ執達の事を請い、公子の御伝言をも申し述べたところが、大久保は逐一これを領承《りょうしょう》してすぐに御聞に達しました。

勘定組頭に任命される

そのころ前公には宝台院《ほうだいいん》において御謹慎中にて、同所にて御逢《おあい》があるによって出頭しろという通知が来たから、静岡着の翌々日の夕方から宝台院に伺候《しこう》して、緩々《ゆるゆる》〔ゆったり〕前公に拝謁を遂げ、各国巡回中の実況から公子フランス国に御留学の御様子および東京において御申し含めの事どもまで落ちもなく言上して、そのまま旅宿に逗留していたが、何も外に用事がないからぶらぶら市中の見物などして遊んでいるうちに、一日過ぎ二日過ぎ、三日目になってもなんの沙汰もないから、どうしたことかと思って梅沢へいってまだ御返事は出ないかと聞き合わせてみると、いずれ追って御沙汰があろうというからそのつもりで待っていると、四日目になって突然藩庁から自分に出頭しろという達しがあった。

すぐに出頭したところが、勘定所へゆけという。なんだか分からぬがまず行ってみると、袴《はかま》羽織《はおり》では困るから礼服を着て来いという。旅中だから礼服は持たぬと答えたところが、御用召だから礼服でなければならぬという。

よんどころなく有り合わせに他人の礼服を借り着して中老の詰処へ出ると、静岡藩の勘定《かんじょう》組頭《くみがしら》を申し付けるという辞令書を渡された。よくよく自分は勘定組頭に縁が深いと見える。

それから勘定所にいって勘定頭の平岡準蔵《ひらおかじゅんぞう》、小栗尚三《おぐりしょうぞう》の両人に面会して、

「自分は存じ掛けなく勘定組頭を仰せ付かったが、全体フランスから帰るとすぐに民部公子の直書を持参して前公へ上げてあるからその御返事があるはずで、梅沢へその様子を尋ねていましたところがその御沙汰はなく、突然今日の拝命ありがたく仕合わせではあるが、前公から公子への御返事があるであろうから、それを拝受して一旦復命した後であればともかくも、その事を果さずに今日の拝命ははなはだ迷惑だから御請けは致しかねます、なにぶん早く御返事を伺って水戸まで往きたいから、その事の御取り次ぎを願いたい」

というと、平岡が、

「委細承知した、早速聞いてみよう」

というのですぐに中老部屋へ聞きにいって帰っていうには、

「水戸への御返事は別に手紙を遣わすから足下の復命には及ばぬ。藩庁で必用があって勘定組頭をいい付けたのだから、速やかに御請けをして勤仕するがよいという大久保の口上だから、左様心得られるように」

ということであった。

この返答を聞いて自分は勃然《ぼつぜん》として憤怒のあまり辞令書を平岡の前へ投げ出し、

「へえ左様なら、私はこの請けは出来ぬから御免を蒙ります」

というてそのまま旅宿へ帰ってしまった。すると平岡が、大坪某という勘定所勤仕の人で自分

の知人である者を旅宿へ遣わして、仔細を推問させたから、自分が大坪に対して答うるには、「中老とか勘定頭とか御役名は立派でも、世間の有り様が見えぬも困ったものだ。自分は今日わずかに七十万石に封ぜられた窮乏の藩禄を貪る量見《りょうけん》で来た人ではありませぬ。海外へ旅行したというを慰労する心から百俵か七十俵の禄を下さるのであろうが、それは自分の甘受せぬところである、いかに高貴の人は人情が薄いといっても、これでは前公もありがたくは思われませぬ。昨年民部公子がヨーロッパへお出掛けの時に、博覧会の礼典を済ました以上はすぐにフランス国に留まって学問をするようにとの御直命であった。

それゆえ公子はもちろん私どももまで励精刻苦して、あっぱれ修学の功を積んだ後に帰朝する覚悟であった、しかるに図らずも御国の大変動に遭遇して万やむをえず帰国になった事であります。この場合に至るというはじつに言語に尽くされぬ無念な情も存じているところから、公子には御自身当地へ御出になって親しく拝謁のうえ、御幽情〔深い心情〕を慰め奉らんとの思し召しであったが、その事もなし得られぬから、よんどころなく御直書をもって委細申し上げられ、そのうえにも洩《も》れたところは篤太夫《とくだゆう》をもって陳述させるから一日も早く御返書を御渡しになり、それを拝見して御健康の御様子をも同人から委細に承るのを待っておられるとの事で、御親弟の間柄、いかにもごもっとも千万の御情合と察し上げるのも無理ならぬことと存じます。

しかるをその返書はこちらから出す、其方には当庁で用があるからそのまま勤務しろとは、じつに御情合を御存じないなされ方であります。たとえ前公からその御命令が出たに致せ御側《おそば》に附いている者がもしも人情と道理をわきまえていたならば、こんな処置は出来ぬものだ、それを知らぬというような人達ばかり揃っているからこのとおりの有り様になって、君は辱められ、国は削られて、その臣下はというと尚生《なお》を偸《ぬす》み〔恥を忍んで生き長らえる〕哀れを請うて、このうえ百万石にもなりたいというのが藩中の智慧《ちえ》を奮ったうえのことだ。

そんな腐れたような人達の揃っている静岡ではこのうえこの地に住居も出来ぬ。また勘定組頭の事は辞表を出すのも腹が立つから書付《かきつけ》をすぐに返却したによって別に仔細はないはずである」

と、さんざんに論弁したところが、大坪も持てあまして、

「そんな乱暴な事をいっては困る」

というから、

「自分は決して乱暴を言い張る所存ではないから、大久保へなり平岡へなり、自分が吐露したとおりあからさまに左様いってくれ、そしてもし静岡に置くことが出来ぬというならどこへでも往く」

と存分に言い罵《ののし》って大坪を帰した。するとその晩にまた大坪が出てきて、

「先刻の話について足下が立腹の原因等を承知したから、その趣を大久保に話したところが、これにはだんだん仔細のある事だによって、いずれ大久保から直に話をするつもりだ」

ということであった。

勘定組頭を辞退する

果してその翌日、大久保から呼びにきたから行ってみると、大久保のいうには、

「足下の立腹は一応もっともであるが、畢竟《ひっきょう》〔つまるところ〕は内部の事情を知らぬからである。こちらにもやむをえない訳があって、いっそその話はせぬ方がよかろうと思ったからではあるが、弁解のために一とおり話をするが、全体民部公子より前公へ差し上げられた御直書の御返事はいかが遊ばすおつもりであるかと拙者より前公へ伺ったところが、前公の御意には、別に篤太夫が行くには及ばぬ、追ってこちらから返事を出せばよろしい。

また篤太夫には藩庁で何か職務を命ずる工夫をしろということであったから、なんの筋に採用したらよかろうといったところが、平岡が、京都からの知り合いだといってついに勘定組頭という相談になった訳で、つまるところはすべて前公の御直裁であるが、それを足下に立腹されてははなはだ迷惑千万」

という話であるから、なおまた、直に御返書を遣わされぬ訳と自分の水戸へゆくというを御差し止めになった次第を尋ねてみたところが、大久保のいうには、

「足下の身分については水戸から掛け合いが来て、ぜひとも当方へくれということであった。しかるところ、前公の思し召しは、足下が水戸へ行けば民部公子が厚く慕われるあまり重く

用いたいと思われるに違いない。左様すれば水戸の連中の妬心《としん》を引き起こして結局は足下の身に害を生ずる虞《おそれ》もあるし、よしそれほどにないとも、足下が水戸藩のために有用の人となる事は出来ぬから、それよりは当藩に必要があるから遣ることは出来ぬというがよろしい。また足下が民部公子への御返書を持っていくと、しばらくでも留まる、留まれば自然と情合が増す道理であるから、御返書は別にこちらから出すということになったのである、右等の事情が分からぬところから、あまり人情のない処置だと不満に思ったのだろうが、じつは今申すとおりの次第だによって、とくとここを会得するがよろしい」と、委細の事をはじめて承知して、大きに自分の性急なることとこれほどの失言を慚愧《ざんき》〔恥じ入ること〕しました。

右の一条も話が分かったについて、そこでまた大久保にいうには、「私はもとより水戸に仕える所存はありませぬから、もはや御返書を頂戴することも望みませぬ。さりながら私は勘定組頭の職に就くことは御免を蒙ります。せっかくの御意はじつにありがたい仕合わせではありますが、少し心に期することがありますから勘定所の勤めは御請けが出来ませぬ。これだけはぜひに御辞退申します」と、再三再四言い張ってついにその職は免されました。何故に自分が静岡で職に就くことを辞退したというに、自分がこの際静岡へ移住と覚悟をしたのは全く世を捨てて前公の傍に安居を謀った訳である、しかるに今当職を奉ずる時は、すなわち禄に仕えるものとなるのである、すでに世は皇政更始《こうし》〔天皇による政治が改めて始められる〕となったから、この藩制とてもまた永久不易とは期することは出来ぬであろう。

それを今日、この藩庁に奉職してその務めに拮据《きっきょ》〔仕事に励むこと〕すればとてその効能は極めて薄弱なことであるし、またたとえこの藩に用いられて要路〔重要な地位〕の人となったとて、それで素志〔平素から抱いている志〕にかなったともいいがたいから、むしろ農商の業に従事して、平穏に残生を送る方が安全であると観念したゆえでありました。

共力合本法を提案する

さて自分は、右の志願をもって勘定組頭の職は辞退したものの、この先静岡に住居するには農商いずれの業に従事したらよいかという一段に至ってはすこぶるその採択に苦慮しましたが、そのころ新政府から諸藩へ石高拝借ということを許されました。

これは御一新〔明治維新〕について金融に著しき窮迫を告げたところから、およそ五千万両余の紙幣を製造して軍費その他の経費を支えたが、その紙幣は民間の流通があしきゆえそれを全国に流布させんがため諸藩の石高に応じて新紙幣を貸し付け、年三歩の利子で十三箇年賦に償却するという方法でありました。けだしこの方法は、前にも申したとおり新紙幣の流通を円滑にしようという意で設けられたすなわち政府の財政方略であります。

そこで静岡藩への割付総高は七十万両ほどであって、その年の末までに新政府から交付せられた金高は五十三万両だということは自分が駿河へ往くと直に人から聞いておったによって、前にもいうとおり、商業にていささか功能を顕したいとさまざま工夫していた際であるから、この石高拝借の事について一つの新案を起こしました。

そのころ静岡藩の勘定頭で平岡準蔵という人は、自分が先年京都で陸軍奉行支配調役を勤務の時に歩兵頭の顕職に居られて数回の面識もあったから、この人に面会して意中の新案を相談に及ぼうと思って訪問したところが、早速の面会を得たから、そこで自分の身の成り行きを詳しく述べかつ

「過日勘定組頭に仰せ付けられた時は不本意に堪えませぬ事情もありましたからはなはだ失礼を致しましたが、畢竟自分は当御藩に藉《か》〔たのみにする〕って俸禄に衣食を謀るという意念はなく、ただただ前公の厚き恩遇に感じてこの地に参った訳であります。

ことに従来志を同じくした友人なども多くは離散死亡して独り余命を存する場合でありますから、爾来《じらい》〔それからのち〕は官途の外でなんぞ一事業を起こして、それに従事していささか国益を謀ろうと考えましたからの事であります。ついては一つの新案が浮かびましたから、御参考までに申し述べようと存じて今日推参した訳であります。

その新案というはすなわち彼の石高拝借金〔石高割貸付金〕に関係した事で、当静岡藩においての紙幣拝借の高は五十万両以上であると聞き及びましたが、もしこの金を迂闊に藩庁の政費

などに支消した時には、静岡藩はその返済方をいかに処置なさる御見込であるか、すでに幕府を廃して王政に復古した以上は、この末、真の郡県政治になるが当然の事と考えられます。

もし果して郡県政治になるとすれば、当藩などは新たに置かれたことであるから、別に余財のあるべきはずはない、その上現在封土は狭し歳入は少なしことに諸事新規という場合でかえって費用は多い姿だから、結局この拝借金返納の余裕は生じますまい、しかる時は一旦政事上の破産をした当藩が再び財政上の破産に陥らねばならぬ訳合《わけあい》〔筋道。事情〕であるから、今日からこれを予防するのが肝要と思われます。

それにはこの石高拝借の金高をばすべて別途の経済としてこれを基本に興業殖産の事を発達させ、その運転中に生ずるところの利益をもって返納金に充てる事にしましたならば、藩庁の御利益は申すまでもなく、地方人民の上においてもこの上の幸福はあるまいと考えます。また静岡は小都会ではあるが、ずいぶん相応の商人もあることでありますから、原資金を貸与してその商業をいっそう盛んにすることはあえて難事でもなかろう。

元来商売というものは一人一己《いっこ》の力ではこれを盛んにすることは出来ぬものだから、そこは西洋に行われる共力合本法《きょうりょくがっぽんほう》〔株式会社制度〕を採用するのが最も必要の急務であろうと思う。

いまこの共力合本法の便利有益を有力の商人に会得させたならば、この地方でも幾分の合本は出来るに相違ないから、この石高拝借金を基礎としてこれに地方の資本を合同させて一個の商会を組み立て、売買貸借の事を取り扱わせたならば、地方の商況を一変して大いに進歩の功を奏することを得るであろう。

しかのみならず、今日静岡藩からその端緒を開いたら、自然と各地へ伝播して日本の商業においても少しは面目を回復する一端と相なりましょうと思いますから、ぜひこの方法を御採用あるようにしたい。

かつまたその商会の監督はもとより御勘定頭の任として諸般の取扱方を視察せられ、ただその運転方の枢機《すうき》〔重要なところ〕を自分に一任せらるるように願いたい。さすれば地方の商人中において相応の人才を撰抜《せんばつ》して各部の事務を分担させ、いわゆる協力同心して進歩の効を奏するように処置する見込みであるから、速やかにこの商会設立の事を許可になることに御尽力ありたい」

と詳細に話をしました。

平岡は始終の話を聞いて、

「いやよく分かった、至極面白い新案だ。なるほどこの後の政体は郡県制になるかもしれぬ、たとえ郡県制度にならぬとしても、石高拝借を使ってしまって他日返納に差し支えるようでは困る訳だによって、制度のいかんにかかわらず深く注意をせねばならぬ次第である。ついては今段々《だんだん》〔あれやこれや〕話を聞いた足下の新案を熟考してみたいから、その方法を委《くわ》しく書面にして差し出す事に」

という指図があったから、詳細に方法を認めて、計算書までも添えて平岡の手へ差し出したのは、明治元年〔一八六八〕の歳末でありました。

静岡商法会所を設立し頭取に就任する

明くれば明治二年〔一八六九〕の春、平岡は右の方法書によってついに藩庁の評議を決して、静岡の紺屋町《こうやまち》というところに相当の家屋のあったのを事務所として、商法会所という名義で一の商会を設立し、地方のおもだった商人十二名に用達《ようたし》を命じ、あたかも銀行と商業とを混淆《こんこう》したような物が出来ました。

この商法会所の全体の取締りは勘定頭の任として、自分は頭取という名をもってその運転上の主任となって、勘定所の役人数名を各部の掛員《かかりいん》として、これに用達幾名かを附属して業務を執ることになった。

その業務の大要というは、商品抵当の貸付金、または定期当坐の預り金、あるいは地方農業の奨励として京阪その他において米穀肥料等を買い入れてこれを静岡その他の市街に売却し、または地方の村々へ貸与する等の事柄であったが、その原資金というのはことごとく新政府の紙幣、すなわち太政官札《だじょうかんさつ》ばかりであって、その時分には正金の取引は時の相場によるものとしてあったが、一般の人心が紙幣に習慣せぬのと新政府に安心が薄いという情態とで大きにその価格は低落したけれども、将来を予想してみるのに、ついにはこの紙幣流通のために諸物価はかえって騰貴を示すに相違ないから、今のうちに早くこの紙幣を正金に交換して物品を買い入れておくが利益が多かろうと考定したによって、掛員、御用達等とも協議をして、東京では肥料を買い、大阪では米穀を買い入れた。

それはちょうど明治二年の二月であったが、自分はこの月に紙幣を持って東京へ出で、〆粕《しめかす》、乾鰯《ほしか》、または油粕《あぶらかす》や糠《ぬか》などを買い入れ、そのついでの便宜をもって故郷から妻子を召《よ》び寄せて、駿河へ帰ったのは、三月の中ごろであった。

この時大阪へは掛員の矢村小四郎《やむらこしろう》、平島直一郎《ひらしまなおいちろう》の両人、御用達では清水港《しみず》の松本平八《まつもとへいはち》を遣ってもっぱら米穀を買い入れさせましたが、その肥料も米穀もしだいに直段《ねだん》が騰貴してきたから、米穀は利益があるとみれば時々これを売却し、肥料は駿遠《すんえん》〔駿河と遠江〕領内の村々へ貸し付けて応分の利益を収めるというまでに運びがつき、また市内でも預け金などするものがおいおいに増加して、やや当初の目的に達するようになってきた。

ところでその年の五月ごろ、藩庁から、商法会所として藩の資本で商業をするのは朝旨に悖《もと》るから事実はともかくもその名称を改正しろという内意があって、いろいろの評議をしたうえで、常平倉《じょうへいそう》〔米価を安定させるため役所が設けた米倉〕という名称に改めました。これは大久保が漢の時代に行われた古例を引いて命名したのであるが、肥料の貸付も米穀の売買もすることであるから、真の常平という趣意には応じがたくして、つまりその名を替えたまでであります。

その歳の六月ごろでありましたか、昨年のフランス出立の際に同地の名誉領事のフロリヘラルトという人に委託しておいた民部公子の旅館の貸料を取り戻し、および家具その他の什器を売却したからということで、その代金を添えて新政府の外務省へ書状が来たについて、そのために自分は外務省から呼び出されておよそ一月半ばかり東京に逗留した。

その事というはフランスにおいて売却を委託しておいた旅館の貸料または家具什器類はいずれも民部公子一己の私有物で、旧政府には少しも関係はせぬということを説明した。ところが、その話がなかなか面倒であって、かく書面を出せとかこの証明書を作れとかいういろいろの注文があったが、つまり自分の申し立てどおり私有物の認可を得て代金を受け取ったが、その金額は一万五千両ばかりであったと記憶しています。

さてその用事が済んだから、自分は再び駿河へ帰ってもっぱら常平倉の事務に尽力しましたが、諸事おいおい整理してきたから、今二、三年を経たならば堅固で有益なる商業会社が成立するであろうとあらかじめ企望をして、せいぜい注意していました。

大蔵省へ出仕する

ところがその歳の十月二十一日に、朝廷からの御用とあって、そのころ太政官に弁官といって大弁、中弁、小弁という官職があったが、その弁官から自分に宛てた召状が来て、早速東京へ出ろということであると、藩庁から通達を受けました。しかし自分はこれまで取り掛かった

事務も多いから
「至急に上京は出来ぬ、何とぞ半ヶ月も御猶予を願いたい」

といったところが、

「いやそれはならぬから直様《すぐさま》出京しろ」

と大久保一翁から厳達があって、自分も大いに落胆しました。

なぜというに、ここまでの丹精をもって、新創の事ながらもややその端緒についた商会の事を負担して、いろいろ前途に企望もある場合だから、

「自分はこれで一身を終わる精神でいる、それゆえいまさら朝廷へ仕官することなどは好まぬ、なる事なら藩庁から御免を願って出京を辞するようにしてもらいたい」

と大久保へ内請したけれども、

「それは決してならぬ、もしも藩庁から右等の請願をしたら、それこそ静岡藩は朝旨に悖って有用の人才を隠蔽するという説を受けて、つまり藩主の御迷惑となることだから、なんでも朝命を奉じて勤仕をしろ」

との事であったから、やむをえず一応出京して御用召に応ずることに決心しました。

そこで常平倉の事務については自分が出京の留守中にはかようかように取り扱われたいという事を掛員一同へ委《くわ》しく申し残して、静岡を出立してその歳の十二月初旬に東京へ着き、太政官へ出ると、思いも寄らぬ大蔵省租税司《そぜいし》の正《しょう》という職を仰せ付けられたから、すぐに大蔵省へ

出頭して拝命の事を披露したけれども、当時、大蔵省には一人の知友もない、またその職務とても少しも実験のない事だから、どうしてよいかさらに様子が分からない。

そこで自分も独りでおかしくなって、全体何者が自分を推挙したのか、誰が自分の名を聞き込まれたのか、あまり方角違いの事であると思うた。しかし早く御免を願って静岡へ帰ろうと決心はしたが、その四、五日は風邪気で、石町《こくちょう》の島屋という旅館に平臥《へいが》していて、十二月七日にはじめて出勤したけれども、もとより不経験の職掌だから妙案も奇想も出ようはずはない。

まず大蔵省で権勢のある人は誰々であるかと尋ねてみると、卿というは伊達《だて》の老公〔伊達宗《むね》城《なり》〕で、これは門閥によってこの位地におられるものと推察した。その次は大輔《たゆう》、少輔《しょうゆう》で各一人ずつ、大隈重信《おおくましげのぶ》と伊藤博文《いとうひろぶみ》という人で、大隈は肥前〔佐賀藩〕の出身、伊藤は長州藩だとの事、省中すべての事務は多くこの両人の管理に帰して行われる由であるから、自分は一日大隈大輔の宅を訪《と》うて、身の上の略歴を話して、

「じつは駿河でかくかくの計画をしてもっぱら従事している事であるから、いささかも経験のない今日の職務にいるのはすこぶる迷惑するによって、速やかに御免を蒙りたいと思う、もちろん辞表を捧《ささ》げる心得ではあるが一応事情を陳述しておくから、早速の御許容を願う」

といった。

しかるにその日は大隈大輔が多用で緩々《ゆるゆる》談話する時間がないからさらに十八日に来いというてその日は別れて再び十八日に大隈の宅へいっていろいろ談話したが、大隈のいうには、

「辞職なぞといわずに、駿河の事務を片附けてそのうえで十分大蔵省に勉励せらるるがよい、足下が事を知らぬというけれども、知らぬといえば誰でも実験のあるというものは一人もない。今足下の履歴を聞くに、やはり我々と同じく新政府を作るという希望を抱いて艱難辛苦《かんなんしんく》した人である、されば出身の前後はともかくも元来は同志の一人であります、畢竟維新の政府はこれから我々が智識と勉励と忍耐とによって造り出すもので、ことに大蔵の事務については少しく考案もあるから、ぜひとも力を戮《あわ》せて従事しろ」

と懇切に説諭せられて、いまさら強いて辞退も出来ぬ事になったから、しからば自分にも愚説がある、それを御採用あるようにしたいといって、ここではじめて大蔵省に奉職するという意念になった。

これがフランスから帰国して朝廷の官に就くまでの履歴であります。

これから大蔵省在職中にもずいぶんさまざまの変化があって、面白いことも苦しいこともありましたが、官途の事は、たとえ過去の事でも委しくいうと当たり障りがあるが、略して話せばさほど長くはなりますまいからそれは後席に譲りましょう。

巻之五

亡国の臣から新政府の役人になる

前回までにお話をした顚末は、最初農商の身からにわかに浪人となり浪人から一橋家に仕官してついにヨーロッパに行き、やむをえざる事から帰ってきて、静岡に幽棲《ゆうせい》する意念であったが朝命辞すること能《あた》わず現政府に奉職した時までの経歴にて、自分の身の上についてもっとも変化の多い時分のお話でありました。

ことにそのころはいわゆる少壮客気の熾《さか》んな時でもありまた時勢の変遷もすこぶる急劇で、意外の事どもが多かった。ゆえに席上の過去談でも、聞く人までが面白い感じを持つようなものでありますが、これからのお話は変化も少なく、勇壮活潑《かっぱつ》の事などはありませぬから、辛抱してご聴聞を願います。

さて前回お話の終わりは、朝命に応じて静岡から東京へ出で、大蔵の租税正《そぜいのしょう》を仰せ付けられたが、もとよりその事務にはいささか経験もなし、ことに静岡でもっぱら計画した商会の企望を棄てるのも遺憾であったから、速やかに辞職して帰国しようと思って大隈大輔まで内意を吐露したところが、だんだん懇切の忠告もあったによってしばらく朝廷に奉仕することに決意したところまででありましたが、さてなんにしても合点のゆかぬ事というは、誰が自分を推挙して今日の場合になったのであるかという一事であります。

なるほど、幕府を廃して新政府を立てようというが自分の初志で、それがためにはずいぶん艱難困苦もしたことであるが、その廃立の機会を待つの暇もない急阨《きゅうやく》に遭遇して、やむことをえず一時の権宜《けんぎ》〔処置〕をもって一橋家に仕官したが、それが縁故となってついに幕府の禄を食むことになり、中心不愉快に堪えんところで彼の洋行一件が起こり、わずか二年ばかりの留守中に見事幕府は顚覆してこの新政府が立ったので、かくしようという初志は二、三強藩の力によって行われたけれども、この身は現に亡国の臣となり果てたのだから、意想の反対はじつに夢幻の感がある。

かようの境界に陥った場合だによって、たとえ初志はともかくも表面上は歴然たる旧幕臣で新政府からみれば正反対にいる身分、ことに今日の朝廷には一人の知己もない身の上であるから、かたがたもって今日の任命は何人《なんぴと》の推薦ということが詳らかならぬ訳であったが、後に聞けば、全く大蔵卿の伊達正二位がかつて自分の名を承知しておられたのと、そのころ別に面識はなかったが郷純造《ごうじゅんぞう》という人もどこでか自分の事を聞き及んでいたところから、つまりこの任命の事に及んだのであったということが分かりました。

かようの訳で、その推薦とても十分の信認を受けたこととも思われませんから、大隈〔重信〕に面会して切に辞職の事を請求したのである。しかるに大隈のいうには、

「この維新の世となって真成の国家を創立するには、当世有用の人々が非常の奮励努力をもってまず第一に理財なり法律なり、軍務・教育なり、その他工業、商業とかまたは拓地・殖民《しょくみん》と

か、また大蔵省の事務については、貨幣の制度、租税の改正、公債の方法、合本法の組織、駅《えき》逓《てい》〔郵便や運輸〕の事、度量の制など、その要務はなかなか枚挙する遑《いとま》もないくらいである。そうして今日この省務に従事している人々は足下も僕も皆同一で、決してこの新事務について学問も経験もあるべきはずはないから、勉めて協力同心して前途の成功を期する外はない。ゆえに今足下のいう駿河に起こした新事業というも、これを日本全体の経済から見る日には誠に瑣細の事だから、その小を棄てて大なる方に力を尽くすのが日本の人民たる一分《いちぶん》からいっても相当する訳であろう」

と、理を推し言を尽くして説得しられたによって、自分もそれでも強いてとは言われず、またその説もいちいち肯綮《こうけい》に当たって〔要点をついて〕もっともな事と思って、翻然として思いかえしたから、しからば辞職して駿河へ帰る意念を止めて朝廷に微力を尽くしましょうといって、その日はそれで別れを告げました。

大蔵省の改造策を出す

その後再び大隈を訪問して、

「過日の御説諭について自分も意を決して十分勤める覚悟はしましたが、元自分はわずかに一橋家に二、三年仕官したまでで、その後は海外に遊んで二箇年ばかりの日子《にっし》〔日数〕を経過し、なんにも実験がないところで今日突然と朝官に列したことであるから、今大蔵省の組織を見てもその善悪も分かりは致しません、しかしながら現今目撃した有り様では、過日御説を承った諸般の改正はとうていなし得られぬことであろうと考えます。

何故と申せば、省中はただ雑沓《ざっとう》を極むるのみで、長官も属吏もその日の用に逐《お》われてなんの考えをする間もなく一日を送って、夕方になればさあ退庁という姿である、この際大規模を立てて真正に事務の改進を謀るには第一その組織を設くるのが必要で、これらの調査にも有為《うい》〔能力がある〕の人才を進めてその研究をせねばならぬから、今省中に一部の新局を設けて、およそ旧制を改革せんとする事、または新たに施設せんとする方法・例規等はすべてこの局の調査を経てそのうえ時のよろしきに従ってこれを実施する、という順序にせられたいことでありまず」

と述べたところが、大隈も大いにこの説に同意の様子で、

「じつは拙者も毎日彼のとおり雑務に騒動するのみでは充分の改良が出来ないから、改正掛を置きたいという考えをもっていたが、幸いに足下の心付けもあるから速やかにこれを置くことに取り計ろう」

と明言しられましたが、直に太政官へその届をして、その歳の十二月末にこの事の令達が出ました。

さてその改正掛の役員は多くは兼任の人々で、租税司からは自分が命ぜられ、監督司からも

両人、駅逓司からも何人という姿でそれぞれ任命になり、自分がその掛長を命ぜられて改正局の事務に取り掛かることになりました。

無程《ほどなく》その年も暮れて明治三年〔一八七〇〕の春となったが、この改正掛の任務を完《まった》くしようとするには局中に有為の人才を要するとて、さらに大隈に申請して静岡の藩士中から、前島密《まえじまひそか》、赤松則良《あかまつのりよし》、杉浦愛蔵、塩田三郎《しおださぶろう》などいう人々を前後引き続いて改正掛へ登庸になりましたが、その他にも文筆を能するもの、技芸に長ずるもの、洋書の読める人などもそれぞれ推撰《すいせん》して一局の人員が都合十二、三人になって、そのうちには各自に得意の説もあり執務も自ら捗取《はかど》ってきて、すこぶる愉快を覚えました。

諸制度の近代化に着手する

まず第一に全国測量の事を企て、したがって度量衡の改正案を作り、また租税の改正と駅伝法の改良とはもっとも緊急の問題であるから、勉めてその法案の調査に注意し、その他貨幣の制度、禄制の改革または鉄道布設《ふせつ》案、諸官庁の建築等まで、その緩急に応じて討論審議を尽くししだいに方案を作ったことであるが、なかんずく全国測量の事に至っては、着手の順序から経費支弁の方法までも詳細に調査を了《おわ》りました。

すべてこれらの要務についてはいずれもその施設案を具《ぐ》して〔備えて〕その筋へ建議または

照会になりましたから、大蔵省の事務がにわかに多きを加うるようになってきた。

そのころ鉄道問題はもっとも一時を動揺したが、その反対説というのは、大隈・伊藤〔博文〕の両人が大蔵省にいて力を合わせ、外国人に借金して強いてこれを布設せんとするはじつに国家の大計を誤るものであると、異論百出して在官の人々さえもこれを非議する有り様となったから、改正掛においては力を極めてこれを弁駁《べんばく》してせいぜい布設を促したことであった。

それから租税の事、これはぜひとも改正を要するから、充分の調査をしろと、大隈、伊藤も企望せられ、自分も租税正の職掌上しきりに考慮を尽くしてみたが、なかなか面倒なものであって、誰も困る困るというものばかりであったが、つまり物品で収税するのを通貨で収むるようにするという目的を立ててその調査に着手しました。

駅をどうするか

またそのころの難問題で、いずれも苦心したのは駅逓の法であった。今日の若い人は知らぬ事だが、旧幕府の制度には御伝馬《おてんま》〔幕府が官吏の乗用のために主要街道においた馬〕、助郷《すけごう》〔公用の通行を助けるために宿場近隣の村々に課された夫役《ぶやく》〕というものがあって、これがために村々ではなはだ難渋をしました。

いまその概略を申せば、たとえば一諸侯が国道を通行する時には、その通路の宿駅から相当の人馬を出して駅伝する仕組みで、中山道《なかせんどう》の深谷《ふかや》にはその近傍の何箇村、また次の本庄《ほんじょう》にも同じく最寄りの何箇村と定《じょう》助郷の名あるもの、並びに加《か》助郷の名あるものからおのおの相当の人馬を弁ずるのである。

試みにその一例を申せば、ここに加賀宰相が中山道を経て江戸へ参覲《さんきん》するとき、深谷宿においていて人夫千人、馬百疋《ぴき》を要するといえば、本《ほん》助郷が十箇村で七百人と七十疋、加助郷が十箇村で三百人と三十疋を出すという割合で、その通行のある時に合羽籠を持ったり、宿駕籠《しゅくかご》を担ったり（この宿駕籠というものは竹を曲げて板を張り、その上に布団を敷き、両人してこれを担うので、極めて軽便で無造作な駕籠であります）、また小荷駄《こにだ》馬を牽いて荷物を運ぶものもあり、鎗《やり》や長柄《ながえ》を持つものもあり、具足櫃《ぐそくびつ》を背負うものもあり、いろいろの労役に服して通行の大小名を駅伝するので、もちろん相当の賃銭を取って農間の働きにする方法だが、その初め江戸に幕府が開けたころは、沿道の村々へこの助郷を命ずるのはかえって一の救助法だというところから、その宿駅に縁故の多い村が本助郷もしくは加助郷の名を受けて縁故の少ない村落はこの助郷に加入することは出来なかった。

さてその賃銭は慶長《けいちょう》小判で定まっていたけれども、その後元禄《げんろく》・寛永《かんえい》のころには漸々《ぜんぜん》と〔だんだんと〕貨幣が粗悪になってきたから、これではならぬというので八代将軍〔徳川吉宗《よしむね》〕が享保《きょうほう》年中にはじめてこれを改正したけれども、全く復古したというではない。

しかるにその後代になってからもまた再三改鋳《かいちゅう》してあるいは真字《しんじ》小判とか、草字《そうじ》小判とか、または保字判《ほじ》とか、二分判とか、安政《あんせい》・文久のころに至るまでたびたび改鋳があって、その都度金質に幾分ずつの粗悪を呈したによって、したがって物価も騰上してつまり享保度に定めた御伝馬の賃銭は安きに過ぎて堪えられぬというので村々の苦情になっていました。

もとよりその時分には人力車もなく、馬車もなく、鉄道などは夢にもみたことのないころであるから、大小名通行の際にその供人の足が痛めばぜひとも宿駕籠を出して駅伝をせねばならぬ定めだから、助郷村の難渋というものはじつに五畿七道〔日本全国〕に通じて苦情のないところはなかった訳で、時にとっての難題であるからこれも改良せねばならぬという評議で、すなわち改正掛においてその方案を立てた。

その時に前島が駿河から出ていって、幸いにその事を担当して適当の方法が出来たから、前島はすぐに駅逓権正《ごんのしょう》に転任してこれを実施することになりました。

かくのごとく政治上の改正は何事も改正掛で取り調べてそれぞれ意見を立て処分方案を作って大蔵省からしきりに政府へ出すから、そのころ大蔵の威権というものは各省を傾けるほどになって、はなはだしきは大隈などはとかく各省を圧倒するなどといって嫌忌《けんき》されるようになりました。

金融制度を研究する

また貨幣改鋳の事もその前から一の要務問題となってすでに大阪に造幣局を作り、また貨幣の本位を銀にて立てるという評議は定まっていたが、この事は本省の事務中においてもっとも重要な事だから、格別精密の研究をせねばならぬ。

また公債というものは欧米各国ではもっぱら行われているが、我が邦《くに》ではどうあろうか。紙幣はすでにこれを発行して流通はしているがその引き換えの方法はどうすればよいか、諸官省各寮司の配置並びにその事務取扱の順序はどうすれば便利であるか、などという事柄をば、米国に人を派して研究させるようにせられたいと伊藤少輔《しょうゆう》の考案が出て、それを改正掛で審議して文案を作り、それから政府へ建議することになった。ところが明治三年〔一八七〇〕の十月、その議が容《い》れられて伊藤がアメリカに行かれることになり、芳川顕正《よしかわあきまさ》と福地源一郎《ふくちげんいちろう》とがその随行を命ぜられました。

それからこの一行がアメリカへいって段々現行の法規、条例等を調査して、公債の方法は斯々《かくかく》でその理由は云々、また紙幣の引き換えは全国の国立銀行を創立させてこれによって金融の便利をつけ、併せて紙幣兌換の事を取り扱わせ、その銀行の条例はかように制定せられたい、また貨幣問題については、かつて横浜に支店のあった東洋銀行《オリエンタルバンク》の主任者英人ロベルトソンの建白によって、東洋は銀貨国だから銀を貨幣の本位にするのが適当であるということに一定しておったが、さてアメリカに来てみるとアメリカも金が本位に立ってあり、ヨーロッパの国々も多くは金貨を本位としてあるから、本位貨幣は金に定めるのが文明国の通例だによって、日本も金に改定しられたい、また政府の紙幣引き換えの方法については、アメリカで一八六〇年ころに多く紙幣を増発したために基価が下落して大いに国家の困難となったが、ついにナショナルバンクを立ててようやく交換法を附けた時の歴史と手続とを調査して詳細の事を申し越され、また諸官省の職制、章程〔規程〕などが充分に整頓しておらぬから職掌の界限も明了でない、したがって責任の帰着するところが定まらぬによってアメリカの職制、章程を調査したところがこのとおりであるということまで、すべて大蔵省へ向けて具申になりました。その文書の往復はいずれも改正掛で取り扱ったから、大隈へ書き送った事柄には自分の連署したものが多くあったように記憶しています。

　前にいう各般の事務は改正掛において調査するものであるが、すべて重要の事柄だによって、即時に実施の運びに至らずして明治四年〔一八七一〕の春夏となって伊達〔宗城〕正二位《しょうにい》が大蔵卿を辞職しられて、大隈も参議に転任になり、大久保利通《おおくぼとしみち》君が大蔵卿の後を承け、そのころまで大阪の造幣局にいた井上馨《いのうえかおる》君が大蔵大輔《たゆう》に任ぜられて東京へ来られたから、その前伊藤から来た書状はもちろん取り調べ書類なども井上の一覧に供して、これまで調査した銀行の創立、諸官省の制度、公債証書の発行などいずれも相談に及んだが、まず速やかに貨幣の制度を定めてその条例を発布するがもっとも急務であるということで、その草案を改正掛で自分が担任して取り調べに従事していました。

ところが四年の五月ごろになって、伊藤がアメリカから帰国せられて、銀行条例制定の事、公債証書発行の事、および諸官省の官制制定の事は切にその実施を急がれましたから、井上も時機を見てこれを行わねばならぬという考えで、なおまたその順序方法等の調査を改正掛へ督促されるようになってきました。

廃藩置県の問題

かれこれするうちにやがて廃藩置県という政略上の大問題が起こって、それがため朝野《ちょうや》〔官民〕の間に議論がよほど喧《かまびす》しかったが、ついに七月中旬に至ってこの事が決定して、全国へ布告になりました。

そもそもこの廃藩置県ということは、その前から薩摩、長州などの雄藩が率先して封土奉還とかまたは藩籍返上とかいう願書を続々奉呈する勢いであったが、当時国家の柱石元勲《げんくん》〔国家に尽くした大きな功績のある人〕といわれた西郷《さいごう》〔隆盛《たかもり》〕、木戸《きど》〔孝允《たかよし》〕、大久保〔利通〕などの間においてとかく協議が調わぬために発表に至らざりしがようやくその議も一致してこの布告を見ることになったのであります。

さてこの布告の発する場合に際してもっとも注意を要する一事は、そのころ諸藩に行われていた藩札の引換法に関する布達である。

いまこの廃藩の布告がすでに発した後において仮にその引換を拒むと見られよ、その極、ついに竹槍席旗《むしろばた》の騒動〔一揆〕を見るに至るは必然でありましょう。

もしまた前もって朝廷において引き換えるという時にはたちまちその価が騰貴して、その間において僥倖の利を射るものが多く出来てこれまた一の弊竇《へいとう》〔よくない抜け穴〕を造るの虞《おそれ》があるから、なにぶんにもこの藩札引換の布達は、廃藩の布告とその間髪《かんはつ》を容《い》れざるもの〔少しの時間もおかず引き続いてすべきもの〕である。

ゆえに大蔵省においては速やかにその交換の方法を予定しておいて、廃藩の布告と同時に全国へ令すべしという事になって、七月十三日は休日であったけれども、自分は特に出勤してその調査をしたことでありました。

この廃藩置県の大号令と共に大蔵省の事務はますます繁忙を加えて、なかんずく廃藩の後始末を整理するのがじつに非常の困難であった。もっとも至急を要せねばならぬ事柄だから、自分は井上の指揮に従ってわずかに両三日の間にその方法を立案して、数十枚の処分案を条記し、これを井上の手許《てもと》へ出したことがある。

その処分の大目《たいもく》は、藩々金穀の取締りから負債の高、藩札の発行高、または租税徴収の方法、その他各藩においていろいろ施設中に属する事業の始末等までも関連していて、なかなか面倒のものでありました。

また公債証書発行の事も、この廃藩の処分に際し諸藩において地方から借り入れてある負債を年度によって区分をつけ、そのほど遠き分は全くこれを棄捐《きえん》〔貸借関係を破棄〕させ、維新前後の区分によって新旧二種に分けて公債証書を附与するものとして、ここではじめて公債証書の発行を見ることが出来ました。

また彼の各官庁の職制、章程も、伊藤の米国から持ち帰られたのを翻訳して大体の要領を得たから、これを政府に具申して諸官省の職制を立つることを促し、まず速やかに大蔵省から実施するがよいというので、自分がその取り調べを担当して、三日三夜私宅に居て徹夜で調べ上げ、それを政府に上申して実施することになった。

それから簿記法の調査も出来たが、すなわち今諸官省で用ゆる簿記法の要領もその時に定められたのである。

引き続いてまた銀行条例の調査を自分の手に引き受けて頻《しき》りにこれを考案したけれども、いまだ十分の要領を得ることが出来なかった。

商業に身を委ねる覚悟をする

これより先に大阪の造幣局に用事があって、大隈、伊藤、吉田清成《よしだきよなり》などの人々と同行して大阪まで旅行したことがあったが、その帰り路において熟《つらつ》ら将来日本の経済を考案してみるに、この末、政府においていかほど心を砕き、力を尽くして貨幣法を定め、租税率を改正し、会社法または合本の組織を設け、興業殖産の世話があったとて、今日の商人ではとうてい日本の商工業を改良進歩させる事はなし能《あた》わぬであろう、ついてはこの際自分は官途を退いて一番身を商業に委ね、不及《およばず》ながらも率先してこの不振の商権を作興《さっこう》〔盛んにする〕し、日本将来の商業に一大進歩を与えようという志望を起こしましたから、大隈、伊藤にもその意を吐露して、辞職の事を相談に及んだところが、両氏ともその志に大いに賛成したが、今日足下の辞職を聞き届けるときは大蔵省においてははなはだ差し支えの筋もあることだから、今少し見合わせろという返答であった。

自分は明治二年〔一八六九〕の冬大蔵省の租税正に任ぜられてから、たびたび累遷《るいせん》〔地位が次々に進む。累進〕してそのころは大蔵権大丞《ごんのだいじょう》の現職にいて、省務の全体に関係もあり、ことにその前年から通商司《つうしょうし》の跡始末を自分に命ぜられていたが、この通商司というは明治元年に大蔵省中に置かれて、東京と大阪とにおいて有力の商家を協力させて、為替会社、商社、開墾会社などの諸会社を創立させ、合本営業の端緒を開いたのであるが、なにぶん新事業ではあり、管理の人もその事に暗いところから、常に損毛《そんもう》〔損失〕が多くてついに衰頽《すいたい》に及んだによって、これを整理するために自分にその兼任を命ぜられていたので、東京、大阪の商業家とも時々面会して、業務上についていろいろ談話もしてみたが、旧来卑屈の風がまだ一掃せぬから、在官の人に対する時にはただ平身低頭して敬礼を尽くすのみで、学問もなければ気象もなく、新規の工夫とか、事物の改良とかいうことなどは毛頭思いもよらぬ有り様であるから、自分は慨歎《がいたん》のあまり、現職を辞して全力を奮って　商工業の発達を謀ろうという志望を起こしたのであります。

大久保利通と衝突する

この大阪行きは明治四年〔一八七一〕の夏であったが、その年の七月、自分は枢密権大史《すうみつごんのたいし》に任ぜられて一時内閣の史官〔歴史編纂に従う官職〕となりましたが、またその八月に再び大蔵大丞となって大蔵省へ帰任しました。

廃藩置県を行った前後は、大久保が大蔵卿で井上が大蔵大輔、自分は大蔵大丞の職であったが、大蔵省の職制及び事務章程も制定になり、各寮司の仕事もややその区分が立ち掛かったけれども、藩を廃して県にしたとて、すぐに歳入が増すという理もなく、要するに国庫の度支《たくし》〔財政を司る役所〕に定限がないところから、必要があればすぐに政府から支出を大蔵省へ命じて、俗にいう「取ったり使ったり」という有り様でありました。

しかるに政府の仕事は何事も進歩を勉むるのみで、陸海軍の費用はもちろん、司法省では裁判所を拡張せんことを謀り、文部省では教育令の普及を謀るという姿であるから、需《もと》むるところは八方でこれに応ずるは一箇所だによって、井上も大いにこれに苦慮したことであったが、大久保はとかく財政には注意せずして各省の需用に応じてその費用を支弁せんとする風だによって、自分は独りこの間にいて特に苦慮尽力をしました。

　そのころ自分は切に財政の統理せぬことを憂いて、同僚と合議して歳出入の統計表を作り、もっぱら量入《りょうにゅう》為出《いしゅつ》〔収入を計算して支出を決めること〕の方針によって各省経費の定額を設け、その定額によって支出の制限を定めようと企てたけれども、いまだ歳入の総額も明瞭でなく、正確の統計も出来ないうちにその歳の八月ごろ、政府で陸軍省の歳費額を八百万円に、海軍省の歳費額を二百五十万円に定めるという議があって、大久保大蔵卿はやむことをえずこれに同意せねばならぬということで、そのころ大丞の職にいた自分と、谷鉄臣《たにてつおみ》、安場保和《やすばやすかず》の三人へその意見の下問があったによって、自分の答えていうには、

「元来この定額の事はすこぶる企望の至りで、大蔵省においても早く全国の歳入額を明瞭にして、それを標準に各省の定額を立てようという企望でせいぜい努力して調査しつつあるけれども、今日はいまだ正確の統計を見ることが出来ません、ゆえに今政府において軽易に各省の定額を定めるというははなはだ不相当なことと存じます。

　その訳というは、大蔵省すなわち国庫を支配する場所ですら、現今歳入の統計が慥《たし》かならぬ場合であるに、かく軽易に政府から定額を立てるという日には、俗にいう摑《つか》み出し勘定であります。

この際に陸軍でも定額を立て、海軍でも定額を立て、その他各省先を争うて分け取りする姿になっては、量入為出という経済の法度《はっと》〔法。おきて〕の立ちがたいのみならず、会計の根元は少しも定まることが出来ませぬ。

そのうえ、向後また各省その他において臨時やむをえぬ経費の生じた時には何をもってこれに応じますか、はなはだ不安心の事であります。

それゆえに目下の計は、その入用の度に応じて、切にこれを制限してその支出に応ずるの外に妙案というはありますまいから、定額の事はしばらく御見合わせありたい。ただし一日も早く歳入の総額を知ることに勉強していますから、遠からず正確の統計が出来得るに相違ない、そのうえにて各省の費額を御定めなさるがよろしかろう」

と、自分の所存を詳細に述べた。

しかるところ大久保はいと不興気《ふきょうげ》〔不満気〕に、

「しからば歳入の統計が明瞭になるまでは陸海軍へは経費を支給せぬという意念であるか」

との誠に意外な詰問が出たから、自分はさらに詞を継いで、

「いや決して陸海軍の経費を支出せぬという意味ではありませぬ、もちろん、陸海軍がなくては国を維持することの出来ぬということも存じています。

しかし今大蔵省は一歳〔一年〕の歳入統計が出来ぬ前に、支出の方ばかり心配してしかも巨額の定額を立てるのは、第一に会計の理に悖《もと》ってすこぶる危険の処置であろうと思惟して腹蔵《ふくぞう》

なく愚見を述べたのであります。もとより御採用の有無は大蔵卿の御胸中にありましょう」といってその席を退きましたが、この時からまた官途を辞するの念を再発しました。

辞意を固める

その訳は、大久保は今国家の柱石ともいわれる人で現に大蔵省の主権者でありながら、理財の実務に熟せざるのみならず、その真理さえも了解しがたい、井上は切に拮据《きっきょ》して経営しつつあるが、独力でどうともなし得ざるであろう、しかのみならず大丞以下の職員は多く大久保の幕僚であるから、井上の趣旨を遵奉してその職に勉強して指揮に従うことは甘んじない、しかる時は大蔵省は向後不規則な会計事務を取ってついに永続せざるのみならず、世間の識者に笑われるような始末に陥るの外はない。

今日百事改良ということは政府でも各省でもすべて一般の通論であるが、ただその事務を拡張することばかりに注目してこれに伴う経費のいかんを省みず、入用とみれば一時にこれを要求するという傾きになってきて、いわゆるこれを求むるの力は強くこれを抑ゆるの力は弱しという勢いだから、とうてい維持し得ることは出来ぬであろうと観念したによって、そこで海運橋なる井上の邸宅を訪うて面会を請うた（井上はこの時海運橋の三井家所有の邸宅に住居しておられた）。早速面会を得たから、

「自分はぜひ辞職と覚悟をしたによって明日にも辞表を出すから速やかに聴き届けられたい、自分はとうてい永く大蔵に奉職することは出来ない、忌憚《きたん》なくいう時は〔はばかることなく言えば〕大蔵省に望みが薄い、貴君がかくまで省務に苦慮尽力なさるのも友誼《ゆうぎ》上からいうとははなはだ気の毒千万と思う、今日の姿では大蔵省の会計を整頓してゆくことは自分には目的がないと考えるから、むしろこの望みの薄い職務を辞して、過日陳述した望みの多い商業社会に尽力する所存である、現今の有り様ではいやしくも学問があるとか気力があるとか、智慧があるとかその他一芸一能あるものはことごとく官途に進むという傾きで、民間に人物は少しもないから、ついに上下の権衡〔均衡〕を失って国家の実力を発達することが出来ぬ。

ゆえに自分は明日辞表を呈する決心であるが、平生の知遇に対してあらかじめ一言する」

といったら、井上は大いに不同意で、

「足下の意見は一理あれども、今日はまだその時機とはいわれぬ。

大蔵省の事務多忙を極める今日に当たってにわかにその要職を辞するというは、少しく穏当を欠く挙動と謂わざるを得ん。なにぶんにも辞職の念を翻していっそう勉励あるように希望する」

と、懇《ねんご》ろに説諭もあったが、自分においてはすでに決意して申し出たことだからいろいろ抗弁して強いて請求したところが、井上がさらに自分に示していうには、

「なるほど足下が彼《か》の各省の定額論からして将来を掛念《けねん》するのはじつに道理至極だが、大蔵省

の事務を真成に皇張〔大いに主張〕することを得て日本の財政を整理する一段においては乃公《だいこう》〔我が輩〕少しく方案もあるから、遠からず実施するであろう、それゆえ足下の退任もしばらく猶予していて、この際大阪に往って造幣局の事務を監督しろ」と、いかにも城府を開いた懇篤《こんとく》の説諭を受けたによって、ついにその意に従って辞職の事を中止して大阪へ出張することにしました。

　そのころの造幣局長は肥前《ひぜん》人の馬渡《まわたり》俊邁《としゆき》という人で、井上、伊藤の後を承《う》けてこの歳の八月ごろに任ぜられたのである（造幣局創立のころは井上馨が大蔵大丞で局長を兼任しておられたが、この夏大蔵大輔に転任した後は暫時伊藤博文が局長であったが、これも八月ごろ東京へ転任したから馬渡がその後任となったのである）、かように局長の交迭《こうてつ》〔更迭〕もたびたびあって、自然と事務も整備に至らぬところから、それを督励するためにこの大阪出張を命ぜられたので、すなわち九月下旬に東京を出立して大阪へ赴任しました。

　この際東京・大阪に一つの新事務が起こりました。それは御一新前、すなわち文久、慶応のころに諸藩において二分金の贋造《がんぞう》をしたため、御一新後に至ってこの贋金のために外国人から厳しく談判を受けて、やむことをえず新政府においてその交換を引き受けたことがあったが、この時分までもその贋金が世間に流通しているから、通用の二分金と紙幣すなわち太政官札との間に価格の差を生じて、二分金を札に交換せんとする時には百円について五円以上の打歩《うちぶ》を出すという有り様だから、大蔵省では兌換券を作ってそれを発行して二分金を集め、造幣局において新貨幣に改鋳する時は、独り貨幣改鋳の整理を得るのみでなくその間にまた大なる利益を生ずる見込みがあるから、速やかにこの事を実施せられたしと、かつて自分が大蔵省へ建議してすぐに採用を得たからその発行に従事したが、この事務は大阪にも必要があるというのでこの事も兼任しろとの事であった。自分が大阪の滞留は一箇月余であったが、造幣の事務から兌換券製造発行の用事までもほぼ整頓したによって十一月の十五日に東京へ帰任しました。

この帰任前に東京では大使欧米派出という問題が生じて、岩倉《いわくら》〔具視《ともみ》〕が正使に、木戸、大久保、伊藤などがその副使を仰せ付けられ、その外随行員および各種の政務を調査するため十数人の理事官を命ぜられて、大使に随行して欧米へ派遣するとの事で、その出立は十一月の末と定まりました。

父が死ぬ

さて十五日に東京へ帰ったところが、その月十三日に旧里の父がにわかに大病だといって帰着したその晩に急飛脚が来たから、即刻にも旧里へ出立すべきはずのところが、なにぶんまだ大阪滞在中の復命もせずかつまた賜暇《しか》〔休暇をたまわること〕の手続も経ねば私《わたくし》に旅行することは出来ぬから、一夜を千秋の思いで翌日早朝に井上に逢って大阪の模様を陳述して、すぐに親病気看護のため帰省の許可を得て、即時に東京を出発し、大雨を凌《しの》いで行程を急がせたが、中山道の深谷宿までいったらその夜の九時ごろになった。

それから深谷の杉田で夜食をして、旧里の家へ着したのは夜の十一時過ぎであった。父の病気は十三日の夜から発して一時は脳の刺撃《しげき》が強くてほとんど人事不省の大患であったというが、この夜自分が着したころは大いに容体が回復して気力もいささか生じた様子で、自分が看護のために来たのをすこぶる喜ばれました。

さりながら実に由々しき大患であるから、いろいろに治療の手当をして昼夜看護をしたが、父は自分も這回《このたび》はよほどの重症と思われた様子で、後々の事など懇切に遺命《いめい》しられました。

その翌十八日の朝までは別に変症と見えなかったが、その日の昼ごろからまた人事不省となられたから、これぞ一大事であるとなおさら心を砕いて医薬に手を尽くしたけれども、いかにせんしだいに危篤に瀕《ひん》して、ついにその月の二十二日、六十三歳を一期《いちご》に長眠されました。

一族の愁傷は申すまでもないが、自分においてはじつに終天《しゅうてん》〔永久〕の遺憾で、慟哭《どうこく》の至りに堪えられなかった。

憶《おも》い回《めぐ》らせば九年前に旧里の家を辞して後は、父も老年ながら極めて健全で、家業の製藍はもちろん、農桑の事までも自身に担当して怠らず世話をしられ、気力は少しも昔年に異《こと》なりなくて、自分が東京に住居の後は、たびたび老後の摂生を勧めて逸居《いっきょ》〔気楽に暮らすこと〕を請うたけれども、いつまでも厳格で、官民位地を異にするなどといわれて、おりおり東京へ来られても、自分の家に寝食しられたことさえわずかに四、五回くらいの事で、その容貌といい、動作といい、いかにも老健質であったから、このたびの大患はじつに思いも寄らぬ驚愕で、別して悲歎《ひたん》を極めたが、さればといって一旦幽明《ゆうめい》〔あの世とこの世〕を異にした以上はなにほど旻天《びんてん》〔天。秋の空〕に号泣したところがとうてい回生の術《すべ》はないと観念して懇ろに葬儀を営み、万端事果てて帰京したのは十二月初旬でありました。

さてこれは後の話であるが、おいおい日を積み月を重ぬるにしたがって懐旧追慕の情はますます深切になってくる、しかるに父の墳墓は故郷にあって、自分は東京にいて仕官の身であるから、時々展拝の暇も自由ならぬ仕合わせだによって、その翌年に東京の谷中《やなか》へ招魂の碑を建設して歳時の饗祭《きょうさい》に便利を得るようにしました。

全体父の性行は第一回において少しばかりお話をしたが、あれでは首尾が連続したとはいわれぬから、今ここでその碑文を暗誦しますからお聴きなさい。

翁諱《いみな》は美雅、渋沢氏、通称市郎、晩香と号す。武蔵国血洗島村の人、世農、考諱《こう》は敬林君、妣《ひ》高田氏、実は同族諱は政徳君の第三子なり。敬林君の後を嗣ぎ、その長女を配す。翁幼より学を嗜《たしな》み、慨然として特立の志あり、而して思慮周密、一事もいやしくせず、およそ耕稼生産の道より尋常瑣事に至るまで、必ず反復審思して、実際に本づく。これをもって施設成算に差《たが》わず、家藍を製す、品を為すもとより精《くわ》し。翁に至りて研究ますます到り、名遠近に伝わり、その業大いに盛にして、家産優を致す。郷人倣《なら》いて以て産を立つる者あるに至る。村は原半原藩の封内に係《かか》る、藩侯土木もしくは不時の費あれば、毎《つね》に翁に財を供せしむ。翁毫《ごう》も難色なし、曰《いわ》く、財の用は緩急に応ずるにあるのみと、いわんや藩命をや。また親姻故旧に厚し、人あるいは産を失い家を破れば、すなわち諄諄《じゅんじゅん》として誘誨し、ために財を捐《す》てて賑恤《しんじゅつ》し、それに産を復せしむ、故に人皆これを称してやまず。明治四年冬十一月二十二日、病みて没す、年六十三。越えて五日、その郷先兆の次に葬る、号を贈りて藍田青於という。五男八女あり、長男栄一君は大蔵省三等出仕となり、正五位に叙せらる。長女は吉岡十郎に適《ゆ》く。少女は外甥須永才三郎に配して、その家産を委《まか》す。余は夭《わかじに》す。男栄一君東京にあるをもって、招魂の碑を谷中の天王寺に建て、もって行香の便をなす。嗚呼翁の行は家に修《そなわ》り、信は郷里に及び、而して畎畝《けんぽ》の間に老死し、ついに世に著《あらわ》るるなし、まことに惜むべしとなす。しかれども栄一君草莽《そうもう》を擢《ぬきん》で顕職におり、望み属《しょく》して名馳《は》す、けだし所以《ゆえ》あるかな。惇忠の翁における、叔氏の親ありて師父の恩を蒙る。謹みてその行状を叙してこれを表す。

これは尾高惇忠の書いてくれた文であるが、これで何事もその要領が分かって、誦読するうちにも父の面影が彷彿《ほうふつ》として見えるように覚えます。

大蔵省の要職に就く

さてその歳も暮れて明治五年〔一八七二〕の春となったが、去年大蔵少輔に任ぜられた吉田清成《よしだきよなり》という人が、英国において公債を募集するために洋行を命ぜられました。

この公債募集の事は大蔵省で井上が立案したもので、その主意は華士族の禄制を設けて一時にこれを給与し、国庫が永年の負担を免れようという方法であって、その原資に充てるために外国において公債を起こして正金銀の資本を備え、ついに紙幣兌換の事もこの資本にて行い得らるる見込みをもって吉田少輔にヨーロッパ派遣を命ぜられたのである。

吉田が出立の際に、自分は大蔵三等出仕に任ぜられて少輔の事務を取り扱うことを命ぜられました。

これはその歳二月の事で、今歳は大蔵卿の大久保も洋行中であるから、省中の事務は井上が全権で、自分はこれを補翼〔補佐〕する次官の任であった。

さて理財の要務というは、まず第一に大蔵省において国庫の歳入総額を詳明に調査したうえで政府は歳出を議定すべきものであるが、そのころでは諸藩の跡始末もしだいに整理の緒について、全国の歳入額も精密とはいわれぬけれどもまず四千余万円という統計も出来たから、ぜひとも政府に上申して彼の量入為出の原則によって各省の政費を節約して、一方においては剰余金を作り、そうして紙幣兌換の制をも設けたいという精神をもって井上は切に勉強しられたが、なにぶん去年以来各省から政費を請求することがますます劇《はげ》しくなってきて、その年の冬などは司法省、文部省の要求においてはなはだしき激請を見るという有り様に立ち至ったから、大蔵省においては所詮これに応ずることは出来ないといってこれを拒絶したところから、ついに各省と大蔵省との間に一種の権限闘争のごとき紛議が生ずる事となった。

その理由は、廃藩置県の当時から大蔵省の事務はいやまし繁多を極めて、そのうえ政費要求の事とても常に大蔵省に向かってその支給を請求せねばならぬところから、自然と命を大蔵省に仰ぐがごとき感情が見えてしだいに大蔵省の権力が強大になってくる姿であったから、各省の主任者は多く不平を唱えてなかんずく司法卿の江藤新平《えとうしんぺい》などは平生井上と相よからぬうちだからもっともはなはだしく攻撃の鋒先《ほこさき》を向けてくるようになった。

このとき太政官は三条《さんじょう》〔実美《さねとみ》〕公が首相で、西郷、板垣《いたがき》〔退助《たいすけ》〕、大隈などが参議の職に列し万機輔弼《ばんきほひつ》〔天皇の政治を補佐する〕の任におられましたが、三条公は縉紳《しんしん》〔身分の高い人〕なり、西郷、板垣は門閥で、政事上にはすこぶる有力であったが経済の事務にははなはだ疎略であった。

そのうち独り大隈参議はかつて大蔵省の実況をも熟知し、ことに井上との友誼も深いしその主義も相似ているから、太政官にあっても大蔵省のためには尽力して財政改良の事には別して斡旋《あっせん》の労を取られることであろう、と窃《せつ》に望みを維《つな》いでおりました。

国立銀行をつくる

かくて井上はますます勉強して、出来得るだけ各省の政費を節約させて全体の会計上から歳入の幾分ずつ余してそれを正貨で蓄積する精神でしきりに尽力しられた結果として、概略二千万円余の正貨を得たによって、昨年伊藤が米国から調査してきた国立銀行条例を実施しようという見込みで、その歳の夏ごろから自分にその取り調べを専任されたから、勉強して調査を畢《おわ》ったが、それを政府へ上申して広く天下に布告になったのはその歳の八月二十五日であった。

それより以前に三井組において私立銀行を立てたいといって、三野村利左衛門《みのむらりざえもん》から請願したことがあったから、井上に相談してこれを許可しようとしたけれども、そのころからこの銀行条例の取調に掛かったからしばらく三野村に猶予を命じておいたが、そのうち今の条例が出来たによって、いよいよこの条例に準拠して私立の名義でなく国立銀行として創立しようということになって、すなわち現今の第一国立銀行はその歳の秋ごろから計画をしたものでありますが、これを国立銀行とする以上は、独り三井組ばかりでなく、小野組、島田組などといって東京府下において豪家の名あるものとも協同し、その他一般の株主をも募集することになりてそれぞれ相談も行き届き、創立の願いを出して許可を受けたのはその歳の冬でありました。

台湾出征に反対する

この歳の十一月ごろであったが、時の外務卿副島種臣《そえじまたねおみ》から台湾征討の事について政府へ建議せられたことがある。

陸海軍の軍人などはその職掌上からしきりにこれを企望して、この建議の行われんことを促しましたから、ついに政府の議となって、各省の主任者を三条公の邸に招かれてこの事の利害を討論させられました。

この時井上は母の喪に丁《あた》って出席が出来ぬということで、自分がこれに参列して、痛くその不可説を唱えて大いに副島と議論しました。

自分の論旨は、今日の日本は王政維新などといってその名は誠に美なるようだが、じつは廃藩置県の後、その政務を顧みれば毫も整理の実が挙がらぬから、国家は疲弊して人民は窮乏に苦しむ最中である。

しかるにこの際事を外国に起こして干戈《かんか》〔武力〕を用いんとするはじつに危険千万な事で、たとえ外征に勝利を得るにもせよ、内地の商工業をこのうえ衰頽させる時は、いたずらに虚名を海外に売るに過ぎぬ事だ、という意味をもって切に反対の意見を述べたが、幸いに政府においても副島の建議を採用にはならずに済みました。

大蔵省を辞める

この歳の冬、またもや司法、文部の定額論が起こって、大蔵省ではどこまでもその増額を不可として政府に上申したけれども、政府は言を左右にして司法、文部の請求を擯斥《ひんせき》〔しりぞける〕せぬによって、井上は断然辞職の意を決し、年末に際して出勤せぬから、大蔵省の諸職員は執務の張り合いが抜けてその方向を失うほどであったから、政府においても大いにこれを憂慮しられて、三条公は再三自分の宅へ来られて、井上の出勤を勧誘すると共に自分にも辞職の考えなどを起こさぬようにと、懇ろに説諭を受けましたが、この定額論はわずかに一時の弥縫《びほう》〔とりつくろい〕によってまずその歳は折合が附いたけれども、翌六年に引き続いて、各省と大蔵省との紛議は絶えなかった。

前にも申すとおり、江藤新平と井上との間は別して不折合《ふおりあい》で、いわゆる氷炭相容れずという仲だから、江藤の意中では全体井上は怪《け》しからん人物だ、ただただ各省を詰めるばかりで、そうして自分が大蔵省を専横するというのはじつに不埒だ、もしこのままにして打ち捨て置く時にはどこまで跋扈《ばっこ》するか知れぬなどといって、ますますその軋轢《あつれき》が烈《はげ》しくなった。

政府でも三条公はしきりに心配しられるが、西郷、板垣は頓着せず、大隈もどうしたのであるか、各省の政費増給を拒絶するという大蔵省の具申書面を政府から却下になったから、井上は自身に政府へ出頭して委曲〔詳しく〕其理由を陳弁したけれども、各参議はこれを聴き納《い》れぬというので、井上は嘆息のあまり自分へ内話するには、

「もはや大蔵省の事務には絶望した、畢竟《ひっきょう》〔結局〕この見やすき正当の道理が行われぬというは政府において井上を信任せぬのであるから今さらぜひもない話だが、今一度政府に出て一身の精神を大隈に吐露してみて、それでも政府に採用せられぬ時は潔く任を辞するより外はない」

とあらかじめその決意を自分に示して、五月三日に再び政府へ出願して泣血論弁《きゅうけつろんべん》しられたけれども、やはりその言は用いられることが出来ずして、その日の十一時ごろに大蔵省に帰って、自分を始めその他の吏員を招いてはじめて辞職の事を発言したうえ、さらに自分に向かって、

「今申し述べたるごとく乃公《だいこう》〔我《わ》が輩《はい》〕本職を辞すると決心した以上は速やかにここを退出するが、ついては足下を始め一堂に跡の始末はよろしく御頼み申す」

といって、すでにその席を退かんとするから、自分は急にこれを引き留めて、

「貴君が御辞職もさることながら、拙者もまた思う仔細があるからこの際貴君と共に辞表を呈しましょう、けだし拙者の職を辞すると申すのは今日発意した訳ではない、すなわち一昨年以来胚胎《はいたい》していることで、辞職を請願したのもすでに再三のことだから貴君も御熟知のとおりであります。しかるを今日まで留任したというは、全く貴君が抱持《ほうじ》せられた財務改良の主義に感じて一臂《いっぴ》〔片方の腕。わずかな力〕の力を尽くそうと決意したからのことであるが、今に及んでその持論を行われぬ以上は何を目的に貴君の跡に留まる必要がありましょうぞ」

と明言して、ついに井上と袖を聯《つら》ねて大蔵省を去ったのはその日の十二時過ぎであったが、やがて両人とも辞表を政府へ奉呈しました。

辞職を決意する

そのころ自分は深く時勢に感ずるところがあったから、政事上の意見を筆記して一篇の文章を綴《つづ》ったが、字句の不調を免れぬところもあるによって、その潤飾《じゅんしょく》〔潤色〕を那珂通高《なかみちたか》という人に嘱託したが、ようやく脱稿したから、辞表を出した翌日にその稿本を携えて井上を訪問して、両国橋の辺で面会したが、折節芳川顕正《よしかわあきまさ》もその席に居合わせた。

さてその文章を井上に示したところが井上は一読して全くその意見を同じゅうするゆえ、共にこれを建白しようということで、ついにその意見書を両人の奏議として三条公を経て奏上したが、その後間もなく曙新聞がこの書の全文を登載して世間に公にしたところから、江藤新平などの悪《にく》みを増して、政府の秘事を世間に漏泄《ろうせつ》したという廉をもって井上は若干の罰金を懲せられました。

されども両人においてはすでに辞職と決心して辞表を奉呈したうえであるから、あえて忌憚《きたん》するところもなく、自己の意見は十分人に語ることを厭いませんから、それではよろしくないといって、大隈から手紙を寄来して忠告もあったが、それすら挨拶もせぬほどであるから、政府でも両人の決意を翻すことは出来ぬと察したとみえて、五月二十三日に至って、依頼《ねがいにより》免出仕《しゅっしをめんず》という辞令が下りました。

商人になる

これで全く大蔵省すなわち官途の関係は微《すこ》しもない身分となったによって、そこで前年から企望していた銀行創立について、三井、小野両家の人々とも協議して、銀行事務を担任することを約束して、その月からこれに従事することになりました。

これが自分の官員から商人に転ずるまでの顚末であります。

かように、最初からだんだん歳時を逐《お》うて往事を談話してみれば、商業界に身を委ねて後もまた二十年余りの歳月を経過したから、その間にもまた珍談奇話が多かろうによって、これに引き続いて今日までの往事をも談話して聞かせろとの懇請もありますが、たとえ二十年の久しきを経るとはいえ、商界に入ってからの事は現世であって、これを過去ということは出来ぬから、むしろいわぬ方がよろしいと思います。

よってこの過去談はこれで終局といたします。

『雨夜譚』のあらすじ

〈巻之一〉

栄一の父は、非常に真面目で仕事熱心なだけでなく、四書五経を学んだり、俳諧を嗜んだりと、幅が広い人であった。また、世話好きで人望が厚かった。

栄一は六歳の時から父に漢文の読み方を教わる。翌年には従兄の尾高惇忠のもとへ習いに行くようになる。日を追うごとに読書への興味は高まってゆき、本を読みながら歩いて溝に落ち、着物を汚して母親に叱られたほどである。

十三歳になると、父に「今後は家業の農業や商売に専念してもらわないと困る」と言われ、それからは家業の手伝いに励み、十三歳にして一人で藍の買い入れができるようになる。

十七歳の時、血洗島の領主から御用金が命じられ、忙しい父の代理としてその陣屋へと赴いた。そこで代官から不当な侮辱を受け、徳川政治に強い憤りを覚えた。これがきっかけとなり、百姓をやめたい、世の中をよくしたいと思い始める。

時代は風雲急を告げていた。二十二歳の時、なんとか父の許しを得、二ヶ月の間江戸へ遊学し、同じような志を持つ若者たちと交わる。

そして二十三歳の時、尾高惇忠や渋沢喜作らと高崎城乗っ取り、横浜焼き撃ちの攘夷計画を立てるが、尾高長七郎の猛反対に遭い計画は中止する。

〈巻之二〉

計画を断念した栄一と喜作は、幕府からの取締りを恐れて京都へ逃亡しようとする。しかし農民という身分での旅行は危険だと考え、かねてから懇意にしていた一橋家用人の平岡円四郎に頼み、彼の家来ということにしてもらう。

京都では志士たちと交遊し楽しく過ごしていたが、あるとき長七郎が江戸へ出る途中に誤って人を斬り殺し捕縛されたという知らせが届く。その翌朝、平岡から呼び出され、問答を交わしたのち、一橋の家来になってはどうかと提案される。喜作は反対したが、栄一に「このまま無為に過ごしていても仕方がない」と説得され、二人で仕官することになった。

一橋慶喜との拝謁もうまく行き、栄一と喜作は晴れて一橋家の家臣となる。一橋家での奉公は詰所の番人から始まり、薩摩藩の動向を探るスパイ活動や、一橋家に優れた人材を集めるためのスカウト活動などをする。また兵備の用を説き兵員集めに奔走したりもするが、米や木綿の流通を改良して一橋家の収納を多くする案を出すなどして勘定組頭に任命されてからの栄一は、理財の能力を余すところなく発揮し、一橋家の財政再建に尽力する。

そんななか、一橋家を揺るがす出来事が起きた。大阪において第十四代将軍家茂公が死去されたのである。

〈巻之三〉

慶喜を次期将軍に推す動きが出てきたが、栄一は大いに反対した。今の徳川家はすでに崩れかかっていて、賢明なる慶喜を将軍としたとしても、立て直すことは不可能である。むしろ慶喜にはこれまで通り補佐役を務めてもらうのが得策だというのが栄一の考えだった。栄一は慶喜に拝謁して進言しようとするが、拝謁はかなわず、結局慶喜の将軍家相続が決まった。

栄一は幕臣となり、失意のなか原市之進から呼び出された。フランスで開催されるパリ万国博覧会に、徳川昭武のお供として行ってほしいと、慶喜直々の指名があったという。栄一は二つ返事で引き受けた。

パリに到着した栄一は、庶務会計業務をしたり、フランス語を学んだりして過ごしていた。万国博覧会視察後、昭武一行はヨーロッパ諸国を巡る予定になっていたが、随行する人数をめぐって御傅役の山高と水戸藩士たちとの間に意見対立が起きた。栄一は間に立ち、交代制で随行してもらうという提案をして話をつけた。

その後、ヨーロッパ諸国を歴訪し、各国の様々な施設を見物して回る。

そんななか日本では重大な事件が起きていた。大政奉還である。

翌年、新政府から帰国命令がなされ、さらに水戸の君公が死去して昭武が相続ということになり、やむを得ず帰国する。

〈巻之四〉

帰国した栄一は、東京にて、故郷から訪ねてきた父と再会する。今後の身の処し方について、栄一は「これから駿河へ移住して、慶喜公の御隠棲のかたわらで、別に何か生計を立てる道を探すつもりです。」と答えた。

栄一は昭武から、慶喜への書状を預かっていたため、それを届けに慶喜に引見した。慶喜からの返書を持って水戸へ向かうつもりだったが、数日待っても慶喜からの返事はなく、突如として駿府藩から藩の勘定組頭を申しつけると言われた。

だが、藩に仕えることはしないと心に決めていたため、勘定組頭の役職につくことを辞退した。

栄一には着想があった。それは石高拝借金を基本として、藩や士民の資本も合わせることで、商法会所を設立することだ。商法会所とは現在の銀行と似た業務を行う組織である。栄一はその頭取となって運営のすべてを担った。西洋で学んだ共力合本法をまずは駿河で実践したのである。

忙しく働いていた栄一だったが、新政府から、東京へ出て太政官に出頭しろという内容の書状が届いた。出向いてみると、民部省租税正に任命すると言われる。栄一は、駿河での仕事がたくさんあるので辞退させてほしいと告げるが、大隈重信に説得され、民部省に入る決意をする。

〈巻之五〉

民部省に入るにあたり、栄一は改革案を提示した。各部署から能力のある人材を集めて改正掛をつくり、新しい制度や法規などを研究、立案するべきだというものだ。大隈はこれに賛同し、民部省内に改正掛が設置された。改正掛で取り組まれた事案は、度量衡の改正、租税の改正、貨幣制度改正、駅逓制の改正、鉄道の敷設など幅広かった。

改正掛として栄一が特に重要視した案件は、銀行の設立、貨幣制度改革や公債の扱いについてだ。商工業において銀行の設立が最も重要だということがわかってきたからだ。だが、それよりも先に、廃藩置県にともなう藩札の引き替え方法ついて決定する必要があった。結果、交換の方法をあらかじめ決めておき、廃藩置県が発布されたらすぐに藩札についての通達を出すという策をとり、事なきを得た。

栄一は、大蔵省の一員として国の財政実務を担っているので、歳入の見込みが立ってから、各省への割り当てを決めるのが当然だと考えていた。しかし、大蔵省トップの大久保利通は、まだ歳入の見込みも立たないうちに陸海軍の経費を決めようとしたため、栄一と衝突した。

その後も、井上馨と栄一が懸命にやりくりをするが、政府内での身勝手な予算請求は止まらず、最終的には堪忍袋の緒が切れ、井上とともに大蔵省を辞職することになる。

〈渋沢栄一年表〉

西暦（和暦）	年齢	主な出来事	日本全体の動き
1840（天保11）年	0	2月13日（1840年3月16日）、武蔵国榛沢郡安部領血洗島村（現・埼玉県深谷市血洗島）の農家の長男に生まれる。	
1847（弘化4）年	7	従兄の尾高惇忠より漢籍を学ぶ。	
1853（嘉永6）年	13	家業の農業に務める。一人で藍の買い入れに携わる。	ペリーが浦賀に来航し、開国を要求する。
1854（嘉永7）年	14		日米和親条約が結ばれる。 鎖国体制が終わる。
1858（安政5）年	18	従妹の尾高千代（尾高惇忠の妹）と結婚する。	日米修好通商条約が結ばれる。 安政の大獄
1860（万延1）年	20		桜田門外の変
1862（文久2）年	22	江戸に遊学する。	生麦事件 尊王攘夷論の激化
1863（文久3）年	23	高崎城乗っ取り、横浜焼き撃ちの計画をするが尾高長七郎に説得されて中止する。その後、渋沢喜作とともに京都へ行く。	薩英戦争
1864（元治1）年	24	一橋慶喜の家来となる。	四国艦隊下関砲撃事件 第一次長州征討

１８６６（慶応２）年	26	徳川慶喜が第15代将軍となり、栄一は幕臣となる。	薩長同盟
１８６７（慶応３）年	27	徳川昭武の付き添いとして、フランス（パリ万国博覧会）へ行く。	大政奉還 明治天皇即位
１８６８（明治１）年	28	明治新政府の命令で、フランスから帰国。 静岡で慶喜に面会。	戊辰戦争（～１８６９）
１８６９（明治２）年	29	静岡に「商法会所」を開設。 明治政府に仕え、民部省租税正、民部省改正掛長となる。	都を東京に遷す。 東京・横浜間に電信が開通する。
１８７０（明治３）年	30	官営富岡製糸場設置主任になる。	
１８７１（明治４）年	31	紙幣寮（現・国立印刷局）の初代紙幣頭になる。 父親の死去。	廃藩置県 岩倉使節団が欧米へ派遣される。
１８７２（明治５）年	32	大蔵少輔事務取扱を命じられる。	新橋～横浜間に官営の鉄道が開通する。／太陰太陽暦を廃して、太陽暦が採用される。／国立銀行条例
１８７３（明治６）年	33	大蔵省を退官する。第一国立銀行（現・みずほ銀行）の総監役に就任。／抄紙会社（現・王子製紙）を創立。	地租改正
１８７５（明治８）年	35	第一国立銀行の頭取に就任。 商法講習所（現・一橋大学の源流）を創立。	
１８７６（明治９）年	36	東京会議所会頭となる。 東京府養育員事務長となる。	
１８７７（明治10）年	37	択善会（現・東京銀行協会）を創立。	西南戦争

1878（明治11）年　38　東京商法会議所（現・東京商工会議所）を創立、会頭になる。

1880（明治13）年　40　博愛社（現・日本赤十字社）社員となる。

1882（明治15）年　42　妻・千代の死去。大阪紡績会社を創立。　日本銀行が創設され、貨幣制度が整う。

1883（明治16）年　43　伊藤かねと再婚。　鹿鳴館が完成し、欧化政策が推進される。

1884（明治17）年　44　日本鉄道会社理事委員となる。　華族令が制定される。

1885（明治18）年　45　日本郵船会社、東京瓦斯会社を創立。東京養育院の院長になる。　内閣制度が新設され、伊藤博文が首相になる。

1886（明治19）年　46　栄一の長男・篤二らによって竜門社が結成される。東京電灯会社を創立。

1887（明治20）年　47　日本煉瓦製造会社、帝国ホテルを創立。

1889（明治22）年　49　大日本帝国憲法が発布される。／東京～神戸間を結ぶ官営の東海道線が全線開通する。

1890（明治23）年　50　貴族院議員に任ぜられる。　第一回帝国議会

1891（明治24）年　51　東京交換所を創立、委員長となる。

1892(明治25)年	52	東京貯蓄銀行を創立、取締役となる。	
1894(明治27)年	54		日英通商航海条約が結ばれ、領事裁判権撤廃、関税自主権が一部回復する。／日清戦争(〜1895)
1895(明治28)年	55	北越鉄道会社を創立。	下関条約が結ばれる。／三国干渉
1896(明治29)年	56	第一国立銀行が株式会社第一銀行となり、その頭取となる。日本精糖会社を創立。日本勧業銀行設立委員に任命される。	
1897(明治30)年	57	澁澤倉庫部を開業する。	金本位制の確立
1900(明治33)年	60	日本興業銀行設立委員に任ぜられる。男爵の爵位を授けられる。	
1901(明治34)年	61	日本女子大学が開校し、会計監督となる。(後に校長になる。)	
1902(明治35)年	62	夫人同伴で渡米する。セオドア・ルーズベルト大統領と会見。	日英同盟が結ばれる。
1904(明治37)年	64		日露戦争(〜1905)
1905(明治38)年	65		ポーツマス条約が結ばれる。
1906(明治39)年	66	東京電力会社、京阪電気鉄道会社を創立。	

1907(明治40)年 67 帝国劇場会社を創立。

1909(明治42)年 69 財界の引退を表明する。多くの企業や団体の役職を辞任。
渡米実業団を組織し、団長として渡米。ウィリアム・タフト大統領と会見。

1910(明治43)年 70 日本が韓国を併合する。

1911(明治44)年 71 勲一等瑞宝章を授与される。 改正日米通商航海条約が調印され、関税自主権が回復する。

1913(大正2)年 73 日本結核予防協会を創立。

1914(大正3)年 74 日中実業提携のため中国を訪問。 第一次世界大戦(〜1918)

1915(大正4)年 75 パナマ運河開通博覧会見物のため渡米。
ウィルソン大統領と会見。 大戦景気となる。

1916(大正5)年 76 第一銀行の頭取などを辞任し、実業界を引退する。
日米関係委員会を組織し常務委員となる。

1917(大正6)年 77 日米協会を創立。

1918(大正7)年 78 渋沢栄一著『徳川慶喜公伝』全8巻(竜門社)刊行。

1919(大正8)年 79 協調会を創立、副会長となる。 ヴェルサイユ条約が結ばれる。

1920（大正9）年	80	子爵の爵位を授けられる。	戦後恐慌が発生。 国際連盟に加盟。
1923（大正12）年	83	大震災善後会を創立、副会長となる。	関東大震災
1924（大正13）年	84	日仏会館を開館、理事長となる。	
1927（昭和2）年	87	日本国際児童親善会を立ち上げる。 日米親善人形歓迎会を主催。	金融恐慌勃発
1929（昭和4）年	89	中央盲人福祉協会を創立、会長となる。	世界恐慌が起きる。
1931（昭和6）年	91	11月11日、永眠。	満州事変（〜1932）

引用・参考図書、URL

・『渋沢栄一「日本近代資本主義の父」の生涯』今井博昭＝著／幻冬舎
・『幕末維新埼玉人物列伝』小高旭之＝著／さきたま出版会
・『図説 日本史通覧』黒田日出男＝監修、帝国書院編集部＝編／帝国書院
・『朝日日本歴史人物事典』小泉欽司＝編／朝日新聞社
・『現代語訳 渋沢栄一自伝』渋沢栄一＝述、守屋淳＝編訳／平凡社
・『渋沢栄一自伝』渋沢栄一＝述／KADOKAWA
・『雨夜譚 渋沢栄一自伝』渋沢栄一＝述、長幸男＝校注／岩波書店
・『雨夜譚 余聞』渋沢栄一＝述、石井浩＝解説／小学館
・『渋沢栄一検定 公式テキスト』渋沢栄一記念財団 渋沢資料館＝監修／実業之日本社
・『新潮日本人名辞典』新潮社辞典編集部＝編／新潮社
・『秘蔵古写真 幕末』日本カメラ博物館＝監修／山川出版社
・『ペリー来航 歴史を動かした男たち』山本博文＝著／小学館
・『渋沢栄一詳細年譜』渋沢栄一記念財団
〈https://www.shibusawa.or.jp/eiichi/kobunchrono.html〉二〇二一年二月二十六日閲覧
・『渋沢栄一年譜』渋沢栄一記念財団
〈https://www.shibusawa.or.jp/eiichi/chrono.html〉二〇二一年二月二十六日閲覧

渋沢栄一自伝《しぶさわえいいちじでん》
渋沢栄一《しぶさわえいいち》の『雨夜譚《あまよがたり》』を「生《なま》の言葉《ことば》」で読《よ》む。

二〇二一年五月十五日　初版第一刷発行

著者　渋沢栄一《しぶさわえいいち》
発行者　笹田大治
発行所　株式会社興陽館
郵便番号一一三-〇〇二四 東京都文京区西片一-一七-八 ＫＳビル
電話〇三-五八四〇-七八二〇　ＦＡＸ〇三-五八四〇-七九五四
URL https://www.koyokan.co.jp
ブックデザイン　鈴木成一デザイン室
校正　新名哲明
編集補助　久木田理奈子＋渡邉かおり
編集人　本田道生
印刷　惠友印刷株式会社
ＤＴＰ　有限会社天龍社
製本　ナショナル製本協同組合

ISBN978-4-87723-274-0 C0023

ISBN978-4-87723-265-8 C0034

『ストレスをぶっ飛ばす言葉』

心がスッキリする100のアドバイス

精神科医Tomy

本体 1,200円+税

ISBN978-4-87723-270-2 C0030

心にこびりついて離れないイヤな気分も、ちょっとした一言でスーッと消えてしまう。「言葉って処方箋なのよ」 人間関係、仕事、家庭、恋愛、SNS 等々、あらゆるストレスをスカッと晴らす、ゲイの精神科医 Tomy の言葉集。

興陽館の本

終《つい》の暮らし　曽野綾子
わたしひとり、どう暮らし、どう消えていくのか。曽野綾子が贈る「最期の時間」の楽しみ方。　1,000円

88歳の自由　曽野綾子
途方もない解放感！　88歳になってわかった生き方の極意とは。自由に軽やかに生きるための人生の提言書。　1,000円

病気も人生　曽野綾子
自ら病気とともに生きる著者が、病気や死とともに生きる人への想い、言葉を綴ったエッセイ集。　1,000円

一人暮らし　曽野綾子
連れ合いに先立たれても一人暮らしを楽しむ。幸せに老いる極意を伝える珠玉の一冊。　1,000円

六十歳からの人生　曽野綾子
人生の持ち時間は、誰にも決まっている。体調、人づき合い、暮らし方への対処法。　1,000円

身辺整理、わたしのやり方　曽野綾子
身のまわりのものとどのように向き合うべきか。曽野綾子が贈る、人生の後始末の方法。　1,000円

【新装版】老いの冒険　曽野綾子
人生でもっとも自由な時間を心豊かに生きる。老年の時間を自分らしく過ごすコツ。　1,000円

「いい加減」で生きられれば…　曽野綾子
人生は「仮そめ」で「成り行き」。いい加減くらいがちょうどいい。老年をこころ豊かに、気楽に生きるための「言葉の常備薬」。　1,000円

孤独ぎらいのひとり好き　田村セツコ
「みんな、孤独なんですよ。だからね」と語り出すセツコさんの孤独論。ひとりぼっちの楽しみ方をお教えします。　1,100円

50歳からの時間の使いかた　弘兼憲史
老化は成長の過程。ワイン、映画、車、ゲーム。アラフィフからの人生、存分な楽しみ方を弘兼憲史が指南する。　1,000円

表示価格はすべて本体価格（税別）です。本体価格は変更することがあります。